Carolin Schellhaas

W0331828

Inhaltsverzeichnis

Wüstenbecker, Horst

Die Klausur im Öffentlichen Recht

3. Auflage 2020

ISBN: 978-3-86752-710-1

Verlag Alpmann und Schmidt Juristische Lehrgänge
Verlagsgesellschaft mbH & Co. KG, Münster

Die Klausur im Öffentlichen Recht

Anders als im Zivilrecht und im Strafrecht sind die meisten Klausuren im Öffentlichen Recht unmittelbar mit einer **prozessualen Fragestellung** verbunden. So wird von Ihnen in **verfassungsrechtlichen Klausuren** i.d.R. die Prüfung der Erfolgsaussichten eines Verfahrens vor dem BVerfG verlangt (z.B. eines Organstreitverfahrens oder einer Verfassungsbeschwerde).

Fallfrage: Wie wird das BVerfG entschieden? Hat die Verfassungsbeschwerde/der Antrag Aussicht auf Erfolg?

Bei **verwaltungsgerichtlichen Klausuren** geht es zumeist um die Erfolgsaussichten einer Klage oder eines Eilantrags vor dem Verwaltungsgericht.

Fallfrage: Wie wird das Verwaltungsgericht entscheiden? Hat die Klage/der Antrag Aussicht auf Erfolg?

Im Öffentlichen Recht entspricht – anders als im Zivilrecht – einer Pflicht des Staates nicht immer auch ein Recht des Bürgers. Der Bürger hat **keinen Gesetzesvollziehungsanspruch**. Art. 19 Abs. 4 GG gewährleistet den Rechtsweg nur, wenn jemand durch die öffentliche Gewalt in seinen Rechten verletzt ist. In der öffentlich-rechtlichen Klausur geht es daher nicht nur um die Frage, ob der Betroffene materiell einen Anspruch (Abwehrrecht oder Leistungsrecht) hat, sondern auch, ob dieser Anspruch mittels eines Rechtsbehelfs durchgesetzt werden kann. **Rechtsbehelf** ist hierbei jedes prozessuale Mittel, das der Durchsetzung eines (subjektiven) Rechts dient.

Beispiele: Widerspruch, Klage, Eilantrag, Beschwerde, Berufung, Revision und die Verfassungsbeschwerde als außerordentlicher Rechtsbehelf.

Rechtsbehelfe können nur Erfolg haben, soweit sie zulässig und begründet sind:

- Zur **Zulässigkeit** gehören die Sachentscheidungsvoraussetzungen, also die prozessualen Voraussetzungen, die erfüllt sein müssen, damit das Gericht eine Entscheidung in der Sache trifft.
- Die **Begründetheit** betrifft demgegenüber die Frage, ob das Begehren materiell gerechtfertigt ist.

In der Heftmitte finden Sie die **wichtigsten Aufbauschemata** für Ihre Klausur, wie wir sie stets auch den aktuellen Fällen in der RÜ – RechtsprechungsÜbersicht zugrunde legen. Die nachfolgenden Erläuterungen sind aus verschiedenen Beiträgen in der RÜ entwickelt worden:

- **Die Verfahren vor dem BVerfG**
- **Die verwaltungsgerichtlichen Klagen**
- **Das verwaltungsgerichtliche Eilverfahren**
- **Rechtsschutz vor dem Gerichtshof der Europäischen Union**

Dieses Heft soll Ihnen helfen, in prozessualen Fällen eine gewisse Routine zu entwickeln, damit Sie sich in der Klausur auf die entscheidungserheblichen Fragen konzentrieren können. Die Aufbauschemata enthalten keine zwingenden Vorgaben, sondern **Empfehlungen** für die Klausur. Die Prüfungsreihenfolge wird in Rspr. und Lit. ohnehin uneinheitlich gehandhabt. Die nachfolgend wiedergegebenen Schemata orientieren sich an Logik und Zweckmäßigkeit. Wichtig ist nur, dass Sie in der Klausur eine vertretbare Reihenfolge wählen (dazu im Einzelnen später).

1. Teil: Die Verfahren vor dem Bundesverfassungsgericht

Zulässigkeit eines Verfahrens vor dem BVerfG

- **Zuständigkeit des BVerfG**
- **Beteiligtenfähigkeit**
- **Antrags-/Verfahrensgegenstand**
- **Antrags-/Beschwerdebefugnis**
- **Form**
- **Frist**

Für die Verfahren vor dem BVerfG gilt das **Enumerationsprinzip**, d.h., das BVerfG ist nicht etwa aufgrund einer Generalklausel für alle verfassungsrechtlichen Streitigkeiten zuständig, sondern nur, soweit hierfür eine besondere Zuständigkeitsnorm besteht (vgl. insbes. Art. 93 GG, § 13 BVerfGG).

1. Abschnitt: Organstreitverfahren

A. Zulässigkeit des Organstreitverfahrens

I. Zuständigkeit des BVerfG

Nach Art. 93 Abs. 1 Nr. 1 GG, § 13 Nr. 5 BVerfGG entscheidet das BVerfG über die Auslegung des Grundgesetzes aus Anlass von Streitigkeiten über den Umfang der Rechte und Pflichten eines obersten Bundesorgans oder anderer Beteiligter, die durch das Grundgesetz oder in der Geschäftsordnung eines obersten Bundesorgans mit eigenen Rechten ausgestattet sind.

Beispiele: Streitigkeiten zwischen Bundestag und Bundesrat über die Zustimmungsbedürftigkeit eines Gesetzes oder zwischen einer Fraktion und dem Bundestag über die Ausschussbesetzung. **Sonderfälle** sind die Anklage des Bundespräsidenten (Art. 61 GG) und die verfassungsrechtlichen Verfahren nach dem PUAG (§ 66 a BVerfGG).

Das BVerfG ist nur zuständig für **verfassungsrechtliche Organstreitigkeiten** („Auslegung dieses Grundgesetzes"), nicht dagegen, wenn es um Rechte und Pflichten von Organen oder Organteilen aus einfachen Gesetzen geht.

Beispiel: Für Streitigkeiten über die Art und Weise der Beweiserhebung des Untersuchungsausschusses nach den einfachgesetzlichen Vorschriften des PUAG, die nicht Ausfluss des Art. 44 Abs. 1 GG sind, ist nach § 36 Abs. 1 PUAG die Zuständigkeit des BGH eröffnet (BVerfG RÜ 2015, 179, 182).

II. Beteiligtenfähig sind zunächst die **obersten Bundesorgane** (Art. 93 Abs. 1 Nr. 1 Alt. 1 GG), insbesondere nach § 63 Hs. 1 BVerfGG der Bundespräsident, der Bundestag, der Bundesrat und die Bundesregierung.

Die Aufzählung ist – abweichend von ihrem Wortlaut („nur") – nicht abschließend, da § 63 BVerfGG als einfach-gesetzliche Vorschrift die verfassungsrechtlichen Vorgaben des Art. 93 Abs. 1 Nr. 1 GG nicht einschränken kann. Beteiligtenfähig sind auch die anderen obersten Bundesorgane, z.B. die Bundesversammlung (Art. 54 GG), nicht dagegen z.B. ein Bundesland.

Nach § 63 Hs. 2 BVerfGG sind außerdem beteiligtenfähig **Teile dieser Organe**, die im Grundgesetz oder in den Geschäftsordnungen des Bundestages und des Bundesrates mit eigenen Rechten ausgestattet sind.

Beispiele: Bundestagspräsident (Art. 40 GG, § 7 GeschO BT), Bundesratspräsident (Art. 57 GG, § 6 GeschO BR), Bundesminister (Art. 65 GG), Ausschüsse (Art. 44 ff. GG), Fraktionen (§ 10 GeschO BT).

Auch im Hinblick auf die **„anderen Beteiligten"** bleibt § 63 BVerfGG hinter Art. 93 Abs. 1 Nr. 1 Alt. 2 GG zurück und muss daher verfassungskonform erweiternd ausgelegt werden.

Nicht beteiligtenfähig sind dagegen bloße Gruppierungen von Abgeordneten (z.B. die Opposition). Etwas anderes gilt dann, wenn sie ausnahmsweise mit eigenen Rechten ausgestattet sind, z.B. die Einsetzungsminderheit im Fall des Art. 44 Abs. 1 S. 1 GG, § 1 Abs. 1 PUAG; vgl. dazu BVerfG RÜ 2015, 179, 180.

Einzelne **Abgeordnete** sind keine Organteile des Bundestages, sie sind aber nach Art. 93 Abs. 1 Nr. 1 Alt. 2 GG beteiligtenfähig, wenn sie um ihren verfassungsrechtlichen Status streiten (Art. 38 Abs. 1 S. 2 GG). Dasselbe gilt für politische **Parteien**, wenn es um ihre verfassungsrechtliche Funktion nach Art. 21 Abs. 1 GG geht. Machen Abgeordnete oder Parteien dagegen Grundrechtsverletzungen geltend, so ist nicht das Organstreitverfahren, sondern – nach Erschöpfung des Rechtswegs (§ 90 Abs. 2 BVerfGG) – die Verfassungsbeschwerde (Art. 93 Abs. 1 Nr. 4a GG) einschlägig (BVerfG RÜ 2018, 315, 316).

III. Antragsgegenstand kann jede rechtserhebliche Maßnahme oder Unterlassung des Antragsgegners sein.

Beispiele: Erlass oder Unterlassen eines Gesetzes, Besetzung der Ausschüsse, Erlass oder Anwendung der Geschäftsordnung. An der Rechtserheblichkeit fehlt es bei vorläufigen und bloß vorbereitenden Maßnahmen (BVerfG RÜ 2015, 179, 180).

IV. Die **Antragsbefugnis** setzt voraus, dass der Antragsteller geltend macht, dass er oder das Organ, dem er angehört, durch die Maßnahme oder Unterlassung des Antragsgegners in seinen ihm durch das Grundgesetz übertragenen Rechten und Pflichten verletzt oder unmittelbar gefährdet ist (§ 64 Abs. 1 BVerfGG).

1. Die Rechte und Pflichten müssen sich **aus dem Grundgesetz** selbst ergeben, also aus einer verfassungsrechtlichen Norm abgeleitet werden (z.B. Art. 38 Abs. 1 S. 2, Art. 44 Abs. 1 S. 1 GG).

Anders als bei der Beteiligtenfähigkeit reichen bei der Antragsbefugnis Rechte und Pflichten aus der Geschäftsordnung nicht aus.

2. Nach § 64 Abs. 1 Alt. 2 BVerfGG ist eine **Prozessstandschaft** zulässig („oder das Organ, dem er angehört"). So kann z.B. eine Fraktion als Teil des Bundestages dessen Rechte geltend machen, und zwar aus Gründen des Minderheitenschutzes auch dann, wenn der Bundestag die Maßnahme gebilligt hat oder selbst Antragsgegner ist (BVerfG RÜ 2020, 35, 37).

Gegenbeispiel: Abgeordnete sind zwar Mitglieder, aber anders als Fraktionen nicht Organteile des Bundestages. Sie können sich im Organstreitverfahren daher nicht auf Rechte des Bundestages, sondern nur auf eigene Rechte berufen.

V. Der Antrag ist **schriftlich mit Begründung** einzureichen (§ 23 Abs. 1 BVerfGG). Dabei ist die Bestimmung des Grundgesetzes zu bezeichnen, gegen die durch die beanstandete Maßnahme oder Unterlassung des Antragsgegners verstoßen wird (§ 64 Abs. 2 BVerfGG).

VI. Nach § 64 Abs. 3 BVerfGG ist eine **Antragsfrist** von sechs Monaten einzuhalten, nachdem die beanstandete Maßnahme oder Unterlassung dem Antragsteller bekannt geworden ist.

B. Begründetheit des Organstreitverfahrens

Der Antrag ist begründet, wenn die gerügte Maßnahme oder Unterlassung **verfassungswidrig** ist und Rechte des Antragstellers verletzt. Das BVerfG stellt dies fest (§ 67 S. 1 BVerfGG), hebt die Maßnahme aber weder auf noch erklärt es sie für nichtig.

Ob eine subjektive Rechtsverletzung erforderlich ist, ist umstritten. Teilweise wird dies unter Hinweis auf den Wortlaut des § 67 S. 1 BVerfGG verneint. Das BVerfG nimmt neuerdings die Rechtsverletzung in den Obersatz auf, ohne dies allerdings zu begründen (vgl. z.B. BVerfG RÜ 2018, 315, 317).

2. Abschnitt: Bund-Länder-Streitigkeiten

A. Zulässigkeit des Bund-Länder-Streits

I. Zuständigkeit des BVerfG

Nach Art. 93 Abs. 1 Nr. 3 GG, § 13 Nr. 7 BVerfGG entscheidet das BVerfG bei Meinungsverschiedenheiten über Rechte und Pflichten des Bundes und der Länder, insbesondere bei der Ausführung von Bundesrecht durch die Länder und bei der Ausübung der Bundesaufsicht.

Beispiele: Anfechtung einer Mängelrüge (Art. 84 Abs. 4 S. 2 GG) oder einer Weisung bei der Bundesauftragsverwaltung (Art. 85 Abs. 3 GG), Verstoß eines Landes gegen den Grundsatz des bundesfreundlichen Verhaltens.

Das BVerfG ist grundsätzlich nur zuständig für **verfassungsrechtliche** Bund-Länder-Streitigkeiten.

Art. 93 Abs. 1 Nr. 4 Fall 1 GG eröffnet die Zuständigkeit des BVerfG zwar auch für nichtverfassungsrechtliche Bund-Länder-Streitigkeiten, aber nur, soweit hierfür kein anderer Rechtsweg eröffnet ist. Die Regelung hat praktisch keine Bedeutung mehr, da für derartige Streitigkeiten grundsätzlich das BVerwG zuständig ist (§ 50 Abs. 1 Nr. 1 VwGO, dazu BVerwG RÜ 2019, 723, 725). Hält das BVerwG eine Streitigkeit für verfassungsrechtlich, so legt es die Sache dem BVerfG zur Entscheidung vor (§ 50 Abs. 3 VwGO).

Art. 93 Abs. 1 Nr. 4 Fall 2 GG regelt außerdem den sog. Zwischenländerstreit und Art. 93 Abs. 1 Nr. 4, 3. Fall GG den Landesinnenstreit, für den jedoch vorrangig die Landesverfassungsgerichte zuständig sind.

II. Beteiligtenfähig sind nach § 68 BVerfGG für den Bund die Bundesregierung, für ein Land die Landesregierung.

III. Antragsgegenstand kann jede rechtserhebliche Maßnahme oder Unterlassung des Antragsgegners im Bund-Länder-Verhältnis sein.

Es muss sich stets um **eigene** Rechte oder Pflichten handeln, eine Prozessstandschaft (z.B. ein Land für ein anderes Land) gibt es im Bund-Länder-Streit nicht (anders als im Organstreit, s.o.).

IV. Für die **Antragsbefugnis** gilt nach § 69 BVerfGG grundsätzlich dasselbe wie im Organstreitverfahren (§ 64 Abs. 1 BVerfGG). Der Antragsteller muss geltend machen, durch eine Maßnahme oder Unterlassung des Antragsgegners in seinen ihm durch das Grundgesetz übertragenen Rechten und Pflichten verletzt oder unmittelbar gefährdet zu sein.

V. Der Antrag unterliegt den **Formerfordernissen** in §§ 23 Abs. 1, 69, 64 Abs. 2 BVerfGG (schriftlich mit Begründung unter Angabe der verletzten Vorschrift).

VI. Nach §§ 69, 64 Abs. 3 BVerfGG gilt grundsätzlich eine **Antragsfrist** von sechs Monaten, nachdem die beanstandete Maßnahme oder Unterlassung dem Antragsteller bekannt geworden ist.

Im Fall der Mängelrüge bei der Ausführung der Bundesgesetze durch die Länder als eigene Angelegenheit muss zunächst ein **Vorverfahren** beim Bundesrat (Art. 84 Abs. 4 S. 1 GG) durchgeführt werden. Erst gegen den Beschluss des Bundesrates kann das BVerfG angerufen werden (Art. 84 Abs. 4 S. 2 GG). Hierfür gilt eine **Antragsfrist** von einem Monat nach der Beschlussfassung (§ 70 BVerfGG).

B. Begründetheit des Bund-Länder-Streits

Auch hier ist umstritten, ob eine Rechtsverletzung erforderlich ist, die allerdings i.d.R. unproblematisch vorliegen dürfte.

Der Antrag ist begründet, wenn die gerügte Maßnahme oder Unterlassung des Antragsgegners **verfassungswidrig** ist und Rechte des Antragstellers verletzt (§§ 69, 67 S. 1 BVerfGG).

3. Abschnitt: Abstrakte Normenkontrolle

A. Zulässigkeit der abstrakten Normenkontrolle

I. Zuständigkeit des BVerfG

Nach Art. 93 Abs. 1 Nr. 2 GG, § 13 Nr. 6 BVerfGG entscheidet das BVerfG bei Meinungsverschiedenheiten oder Zweifeln über die förmliche und sachliche Vereinbarkeit von Bundesrecht oder Landesrecht mit dem Grundgesetz oder die Vereinbarkeit von Landesrecht mit sonstigem Bundesrecht.

Beispiel: Ein Land hält ein Bundesgesetz aus formellen Gründen (z.B. fehlende Gesetzgebungskompetenz des Bundes, nicht ordnungsgemäße Mitwirkung des Bundesrates) oder aus materiellen Gründen (Verstoß gegen Grundrechte oder gegen Art. 20 GG) für verfassungswidrig. **Sonderfälle** sind das **Kompetenzkontrollverfahren** nach Art. 93 Abs. 1 Nr. 2a GG und das **Kompetenzfreigabeverfahren** nach Art. 93 Abs. 2 GG.

II. Beteiligtenfähig sind als Antragsteller nach § 76 Abs. 1 BVerfGG die Bundesregierung, eine Landesregierung oder ein Viertel der Mitglieder des Bundestages. Einen Antragsgegner kennt die abstrakte Normenkontrolle nicht.

§ 77 BVerfGG sieht nur die Gelegenheit zur Äußerung für bestimmte Bundes- und Landesorgane vor. Die abstrakte Normenkontrolle wird deshalb auch als objektives Beanstandungsverfahren bezeichnet.

Im **Kompetenzkontrollverfahren** nach Art. 93 Abs. 1 Nr. 2a GG sind nach § 76 Abs. 2 BVerfGG beteiligtenfähig nur der Bundesrat, eine Landesregierung oder die Volksvertretung eines Landes, nicht dagegen die Bundesregierung. Dasselbe gilt für das **Kompetenzfreigabeverfahren** nach Art. 93 Abs. 2 GG.

III. Antragsgegenstand ist die Vereinbarkeit von Bundesrecht oder Landesrecht mit höherrangigem Bundesrecht. „Recht" ist das Grundgesetz selbst, formelle Bundes- oder Landesgesetze, RechtsVOen, Satzungen und – anders als bei der konkreten Normenkontrolle – auch vorkonstitutionelles Recht. Unionsrecht ist wegen seines Anwendungsvorrangs gegenüber nationalem Recht, auch gegenüber nationalem Verfassungsrecht, kein zulässiger Verfahrensgegenstand.

Während die Lit. § 76 Abs. 1 BVerfGG zum Teil für verfassungswidrig hält bzw. verfassungskonform erweitert, wird nach Auffassung des BVerfG Art. 93 Abs. 1 Nr. 2 GG durch § 76 BVerfGG in verfassungsgemäßer Weise konkretisiert.

IV. Für die **Antragsbefugnis** verlangt Art. 93 Abs. 1 Nr. 2 GG „Meinungsverschiedenheiten" oder „Zweifel" hinsichtlich der Vereinbarkeit der betroffenen Rechtsnorm mit höherrangigem Recht. § 76 Abs. 1 BVerfGG engt dies dahin ein, dass der Antragsteller das Recht für nichtig oder für gültig hält, nachdem ein anderes Staatsorgan die Rechtsnorm als unvereinbar mit dem Grundgesetz oder mit sonstigem Bundesrecht nicht angewendet hat.

V. Die abstrakte Normenkontrolle ist **nicht fristgebunden**, für die **Form** gilt die allgemeine Vorschrift des § 23 Abs. 1 BVerfGG (schriftlich mit Begründung).

B. Begründetheit der abstrakten Normenkontrolle

Der Antrag ist begründet, wenn die angegriffene Norm **mit höherrangigem Bundesrecht unvereinbar** ist. Ist das der Fall, erklärt das BVerfG die Norm grundsätzlich für nichtig (§ 78 S. 1 BVerfGG). Es kann sich aber auch darauf beschränken, lediglich die **Unvereinbarkeit mit dem Grundgesetz** festzustellen (arg. e. §§ 31 Abs. 2 S. 3, 79 Abs. 1 BVerfGG), mit der Folge, dass die Norm nicht mehr angewendet werden darf und die Neuregelung durch den Gesetzgeber abgewartet werden muss.

Letzteres gilt insbesondere, wenn z.B. bei einem Verstoß gegen Art. 3 Abs. 1 GG mehrere Möglichkeiten bestehen, den Verfassungsverstoß zu beseitigen. Auch kann das BVerfG – im Wege einer Vollstreckungsanordnung (§ 35 BVerfGG) – regeln, dass die Norm für eine **Übergangszeit** weiter angewendet werden darf, weil die Nichtigkeit der Verfassung noch ferner stünde als die vorübergehende Wirksamkeit (Chaosgedanke).

Die Entscheidung des BVerfG im Normenkontrollverfahren hat gemäß § 31 Abs. 2 S. 1 BVerfGG **Gesetzeskraft**. Die Nichtigerklärung wirkt ex tunc, aufgrund des Gesetzes ergangene Hoheitsakte bleiben jedoch grundsätzlich unberührt (§ 79 Abs. 2 S. 1 BVerfGG), die Vollstreckung aus einer solchen Entscheidung ist allerdings unzulässig (§ 79 Abs. 2 S. 2 BVerfGG).

Bei Strafurteilen begründet die Entscheidung einen Wiederaufnahmegrund (§ 79 Abs. 1 BVerfGG).

4. Abschnitt: Konkrete Normenkontrolle

A. Zulässigkeit der konkreten Normenkontrolle

I. Zuständigkeit des BVerfG

Nach Art. 100 Abs. 1 GG, § 13 Nr. 11 BVerfGG entscheidet das BVerfG über die Verfassungsmäßigkeit von formellen (Bundes- oder Landes-) Gesetzen, wenn ein Gericht diese Frage dem BVerfG zur Entscheidung vorlegt.

Durch das Verfahren nach Art. 100 Abs. 1 GG wird für formelle Gesetze ein **Verwerfungsmonopol** des BVerfG begründet, um die Autorität des Parlaments zu wahren.

Das BVerfG prüft nur die Vereinbarkeit mit dem Grundgesetz bzw. mit Bundesrecht (Art. 100 Abs. 1 S. 2 GG), nicht mit Landesverfassungsrecht. Hier besteht die Möglichkeit einer Vorlage zum LVerfG/VerfGH (Art. 100 Abs. 1 S. 1 Fall 1 GG).

II. Vorlageberechtigt sind alle Gerichte, unabhängig von der Instanz, also das Amtsgericht ebenso wie die Landesverfassungsgerichte, und zwar unabhängig von der Rüge eines Prozessbeteiligten (§ 80 Abs. 3 BVerfGG).

III. Vorlagegegenstand sind **formelle nachkonstitutionelle** (Bundes- oder Landes-) **Gesetze** (nicht RechtsVOen oder Satzungen).

Bei Satzungen, RechtsVOen und vorkonstitutionellem Recht haben die Fachgerichte eine eigene Verwerfungskompetenz. **Nachkonstitutionell** sind alle Gesetze, die unter Geltung des Grundgesetzes erlassen wurden. Fortgeltendes Reichsrecht und Recht der DDR unterliegen nur dann der konkreten Normenkontrolle, wenn der nachkonstitutionelle Gesetzgeber das Gesetz in seinen Willen aufgenommen hat (z.B. durch Neuverkündung, maßgebliche Änderungen, Verweisungen). Sekundäres Unionsrecht ist aufgrund des Anwendungsvorrangs grundsätzlich kein tauglicher Vorlagegegenstand.

IV. Vorlagevoraussetzungen

1. Das mit dem Verfahren befasste Gericht muss **von der Verfassungswidrigkeit überzeugt** sein, bloße Zweifel an der Verfassungsmäßigkeit reichen nicht.

Die Überzeugung von der Verfassungswidrigkeit setzt voraus, dass auch eine verfassungskonforme Auslegung nicht möglich ist.

2. Das Gesetz muss für den konkreten Fall **entscheidungserheblich** sein.

Bei Anwendung des Gesetzes muss sich also ein anderes Ergebnis ergeben als bei Nichtanwendung. An der Entscheidungserheblichkeit fehlt es z.B., wenn nationales Recht wegen Verstoßes gegen Unionsrecht ohnehin nicht angewendet werden darf.

V. Für die **Form** gilt § 80 Abs. 2 BVerfGG. Die Begründung des vorlegenden Gerichts muss die Entscheidungserheblichkeit und die Überzeugung von der Verfassungswidrigkeit im Einzelnen darlegen.

Anders als bei der abstrakten Normenkontrolle ist Ausgangspunkt im Verfahren nach Art. 100 Abs. 1 GG stets ein konkretes Verfahren vor einem Fachgericht.

Aufgrund des Anwendungsvorrangs des Unionsrechts dürfen nationale Gesetze, die Unionsrecht (z.B. EU-Richtlinien) umsetzen, nur insoweit am GG gemessen werden, als sie dem nationalen Gesetzgeber einen Spielraum für die Umsetzung belassen (ansonsten fehlt es schon an der Entscheidungserheblichkeit).

B. Begründetheit der konkreten Normenkontrolle

Der Antrag (§ 80 Abs. 3 BVerfGG) ist begründet, wenn die betroffene Norm mit höherrangigem Bundesrecht unvereinbar ist (§§ 82 Abs. 1, 78 S. 1 BVerfGG). Auch hier kann das BVerfG die Norm entweder für nichtig erklären oder sich auf die Feststellung der Unvereinbarkeit mit dem Grundgesetz beschränken (arg. e. §§ 82 Abs. 1, 79 Abs. 1, 31 Abs. 2 S. 3 BVerfGG). Die Entscheidung hat nach § 31 Abs. 2 S. 1 BVerfGG Gesetzeskraft.

5. Abschnitt: Individualverfassungsbeschwerde

A. Zulässigkeit der Verfassungsbeschwerde

I. Nach Art. 93 Abs. 1 Nr. 4a GG, § 13 Nr. 8a BVerfGG ist das BVerfG **zuständig** für die Entscheidung über Individualverfassungsbeschwerden.

Juristische Personen mit Sitz in der EU dürfen wegen Art. 18 AEUV (Diskriminierungsverbot) verfassungsprozessual nicht schlechter als inländische Personen behandelt werden. Art. 19 Abs. 3 GG ist insofern unionsrechtskonform zu erweitern (BVerfG RÜ 2011, 723, 724).

II. Beteiligtenfähig ist nach Art. 93 Abs. 1 Nr. 4a GG, § 90 Abs. 1 BVerfGG jedermann, d.h. jeder, der Grundrechtsträger sein kann. Neben natürlichen Personen sind dies nach Art. 19 Abs. 3 GG auch inländische juristische Personen, soweit die Grundrechte ihrem Wesen nach auf diese anwendbar sind. Nicht beteiligtenfähig sind dagegen juristische Personen des öffentlichen Rechts, die als Grundrechtsverpflichtete nicht zugleich Grundrechtsträger sein können.

Juristischen Personen des öffentlichen Rechts hat das BVerfG nur die Berufung auf die prozessualen Grundrechte nach Art. 101 Abs. 1 S. 2 GG (gesetzlicher Richter) und Art. 103 Abs. 2 GG (rechtliches Gehör) zugestanden, ein Teil der Lit. bejaht dies auch für den Justizgewährleistungsanspruch nach Art. 19 Abs. 4 GG. Entsprechendes gilt nach h.M. für ausländische juristische Personen, die ihren Sitz nicht in der EU haben.

Akte der Europäischen Union sind nicht unmittelbar mit der VB angreifbar. Solche Maßnahmen können nur – als Vorfrage – Gegenstand im Rahmen der sog. Identitätskontrolle und der Ultra-vires-Kontrolle des BVerfG von Maßnahmen oder Unterlassungen nationaler Organe sein (vgl. BVerfG RÜ 2016, 518, 519).

III. Beschwerdegegenstand einer Individualverfassungsbeschwerde kann jeder Akt der öffentlichen Gewalt sein, erfasst werden also Maßnahmen der Exekutive, der Judikative (Urteils-VB) und der Legislative (Rechtssatz-VB).

1. Gegenstand einer **Urteils-VB** kann jede gerichtliche Entscheidung sein, also nicht nur Urteile, sondern auch Beschlüsse, z.B. nach §§ 80 Abs. 5, 123 VwGO (sofern nicht die Erschöpfung des Rechtswegs in der Hauptsache erforderlich ist, s.u.), nicht dagegen vorbereitende Verfügungen oder Beweisbeschlüsse. **Beschwerdegegenstand** sind grundsätzlich alle Entscheidungen im Instanzenzug, ausreichend ist jedoch, dass der Beschwerdeführer den Hoheitsakt in der Gestalt der letztinstanzlichen Entscheidung angreift. Das BVerfG hebt dann alle Entscheidungen auf, durch die das Grundrecht verletzt wird.

Im Hinblick auf die Subsidiarität (s.u.) ist die Rechtssatz-VB selten. Zumeist wird die Norm mittelbar zum Gegenstand einer Urteils-VB, wenn eine gerichtliche Entscheidung angegriffen wird, die auf einer angeblich verfassungswidrigen Norm beruht (sog. Normfehler).

2. Gegenstand der **Rechtssatz-VB** kann jede Rechtsnorm sein, also formelle Gesetze, Rechtsverordnungen und Satzungen, nicht dagegen Verwaltungsvorschriften oder Richtlinien, die keine Außenwirkung haben.

IV. Der Beschwerdeführer muss geltend machen, durch den Akt der öffentlichen Gewalt in seinen Grundrechten oder in seinen grundrechtsgleichen Rechten (Art. 20 Abs. 4, 33, 38, 101, 103 u. 104 GG) verletzt zu sein **(Beschwerdebefugnis)**, d.h., die behauptete Verletzung muss nach dem Vorbringen des Beschwerdeführers möglich sein (sog. Möglichkeitstheorie). Hinzu kommen muss, dass der Beschwerdeführer **„selbst, gegenwärtig und unmittelbar"** betroffen ist. Während diese Voraussetzungen bei der Urteils-VB i.d.R. unproblematisch sind, haben sie bei der Rechtssatz-VB grundlegende Bedeutung:

Wegen der Selbstbetroffenheit ist sowohl eine Popularbeschwerde als auch eine Prozessstandschaft ausgeschlossen.

1. Die **Selbstbetroffenheit** ist immer gegeben, wenn der Beschwerdeführer Adressat des Aktes der öffentlichen Gewalt ist. Ist er nur mittelbar betroffen, muss die Beeinträchtigung dem Hoheitsakt zugerechnet werden können.

2. Die **gegenwärtige Beschwer** setzt voraus, dass der Beschwerdeführer schon jetzt (bzw. noch immer) von der Maßnahme betroffen ist.

3. Die **unmittelbare Betroffenheit** liegt vor, wenn der angegriffene Akt selbst in das Grundrecht des Beschwerdeführers eingreift. Dies ist grundsätzlich nur bei Normen der Fall, die keines weiteren Vollzugsaktes bedürfen, um Rechtswirkungen zu entfalten (self-executing).

Allerdings hat das BVerfG die Unmittelbarkeit auch dann bejaht, wenn gegen einen denkbaren Vollzugsakt nicht oder nicht in zumutbarer Weise vorgegangen werden kann. Das ist z.B. der Fall bei strafrechtlichen Normen oder wenn der Beschwerdeführer von dem Vollzug der angegriffenen Rechtsnorm nichts erfährt (z.B. bei geheimen Datenerhebungen oder verdeckten Ermittlungsmaßnahmen).

V. Rechtswegerschöpfung und Subsidiarität

1. Ist gegen die (mögliche) Grundrechtsverletzung der Rechtsweg eröffnet, so kann die Verfassungsbeschwerde grundsätzlich erst nach **Erschöpfung des Rechtswegs** erhoben werden (§ 90 Abs. 2 S. 1 BVerfGG). Nach § 90 Abs. 2 S. 2 BVerfGG kann das BVerfG ausnahmsweise vor Erschöpfung des Rechtswegs eine Entscheidung treffen, wenn die Verfassungsbeschwerde von allgemeiner Bedeutung ist oder wenn dem Beschwerdeführer ansonsten ein schwerer und unabwendbarer Nachteil entstünde.

Rechtsweg ist der komplette Instanzenzug einschließlich eines behördlichen Vorverfahrens (§ 68 VwGO).

2. Der Grundsatz der **Subsidiarität der Verfassungsbeschwerde** verlangt, dass der Beschwerdeführer auch alle anderen Rechtsschutzmöglichkeiten gegen den Hoheitsakt ausgeschöpft hat. Das gilt insbesondere dann, wenn der Beschwerdeführer die Möglichkeit einer **fachgerichtlichen Inzidentkontrolle** der für verfassungswidrig gehaltenen Norm hat (z.B. wenn durch die Norm ein Rechtsverhältnis begründet wird, das Gegenstand einer allgemeinen Feststellungsklage nach § 43 Abs. 1 VwGO sein kann). Angelehnt an § 90 Abs. 2 S. 2 BVerfGG lässt das BVerfG eine Durchbrechung der Subsidiarität zu, wenn die sofortige Entscheidung von allgemeiner Bedeutung ist oder die fachgerichtliche Inzidentkontrolle unzumutbar erscheint.

Der vom BVerfG entwickelte Grundsatz der Subsidiarität hat seine Hauptbedeutung bei der Rechtssatz-VB, wenn gegen die Rechtsnorm kein Rechtsweg eröffnet ist und § 90 Abs. 2 BVerfGG daher nicht eingreift.

VI. Die Verfassungsbeschwerde unterliegt der allgemeinen **Formvorschrift** des § 23 Abs. 1 BVerfGG (schriftlich mit Begründung). Nach § 92 BVerfGG sind das Recht, das verletzt sein soll, und der angegriffene Hoheitsakt zu bezeichnen.

VII. Die **Beschwerdefrist** beträgt bei der Urteils-VB einen Monat nach Zustellung oder Verkündung der angegriffenen Entscheidung (§ 93 Abs. 1 BVerfGG). Für die Rechtssatz-VB gilt nach § 93 Abs. 3 BVerfGG eine Frist von einem Jahr seit dem Inkrafttreten des Gesetzes.

Vgl. dazu RÜ 2019, 243, 245

B. Begründetheit der Verfassungsbeschwerde

I. Die Verfassungsbeschwerde ist begründet, soweit der Hoheitsakt ein Grundrecht oder ein grundrechtsgleiches Recht verletzt (§ 95 Abs. 1 BVerfGG). Bei einem **Freiheitsrecht** (z.B. Art. 2 Abs. 1, Art. 4 Abs. 1, Art. 5 Abs. 1, Art. 8 Abs. 1, Art. 12 Abs. 1 GG) ist dies der Fall, wenn (1.) der **Schutzbereich** des Grundrechts betroffen ist, (2.) ein **hoheitlicher Eingriff** vorliegt, der (3.) **verfassungsrechtlich nicht gerechtfertigt** ist. Bei **Gleichheitsrechten** (insbes. Art. 3 Abs. 1 GG) kommt es darauf an, ob eine sachlich nicht gerechtfertigte Ungleichbehandlung bzw. willkürliche Gleichbehandlung vorliegt.

Nach h.M. erstreckt sich die Prüfung auf alle in Betracht kommenden Grundrechte, nach a.A. nur auf die vom Beschwerdeführer form- und fristgerecht gerügten.

II. Bei der **Urteils-VB** prüft das BVerfG nicht die richtige Anwendung des einfachen Rechts, sondern nur, ob eine **verfassungsspezifische Verletzung** vorliegt. Das ist insbesondere der Fall, wenn der Grundrechtsschutz bei der Anwendung des einfachen Rechts gänzlich übersehen wurde (sog. **Anwendungsdefizit**) oder das Gericht den Schutzbereich des Grundrechts oder dessen Schranken wesentlich verkannt hat (sog. **Fehlbewertung**). In diesem Fall hebt das BVerfG die angefochtenen Entscheidungen auf und verweist den Rechtsstreit i.d.R. an das zuständige Gericht zurück (§ 95 Abs. 2 BVerfGG).

Das BVerfG ist **keine Superrevisionsinstanz** (vgl. BVerfG RÜ 2017, 381, 382).

Die Urteils-VB ist darüber hinaus begründet, wenn das Urteil auf einer verfassungswidrigen Norm beruht (sog. Normfehler).

III. Bei der **Rechtssatz-VB** wird das Gesetz für nichtig erklärt (§ 95 Abs. 3 S. 1 BVerfGG). Allerdings kann sich das BVerfG auch hier darauf beschränken, die Unvereinbarkeit mit dem Grundgesetz festzustellen (s.o. S. 5). Die Entscheidung hat Gesetzeskraft (§ 31 Abs. 2 S. 2 BVerfGG).

6. Abschnitt: Kommunalverfassungsbeschwerde

A. Zulässigkeit der Kommunalverfassungsbeschwerde

Subsidiarität: Bei Landesrecht ist i.d.R. die Zuständigkeit des LVerfG/VerfGH eröffnet, bei Bundesrecht ist stets das BVerfG zuständig.

I. Nach Art. 93 Abs. 1 Nr. 4b GG, § 13 Nr. 8a BVerfGG ist das **BVerfG zuständig** für Verfassungsbeschwerden, die von Gemeinden und Gemeindeverbänden wegen Verletzung des Selbstverwaltungsrechts (Art. 28 Abs. 2 GG) erhoben werden, soweit nicht Beschwerde beim LVerfG/VerfGH erhoben werden kann.

II. Beteiligtenfähig sind nach § 91 BVerfGG Gemeinden und Gemeindeverbände (insbesondere Landkreise).

Das Unterlassen des Gesetzgebers ist kein Gesetz i.S.d. § 91 BVerfGG (Maunz/Schmidt-Bleibtreu, BVerfGG, § 91 Rn. 40; anders VerfGH NRW NVwZ 2015, 368, 369).

III. Beschwerdegegenstand sind Gesetze, d.h. alle Rechtsnormen mit Außenwirkung, also auch RechtsVOen, nicht dagegen Verwaltungsentscheidungen oder gerichtliche Entscheidungen.

IV. Die **Beschwerdebefugnis** ist bei der Kommunalverfassungsbeschwerde nach § 91 BVerfGG auf die Behauptung beschränkt, das Gesetz verletze das **Recht der Selbstverwaltung** nach Art. 28 GG. Ebenso wie bei der Individualverfassungsbeschwerde muss die Gemeinde durch die von ihr angegriffene Regelung **selbst, gegenwärtig und unmittelbar** betroffen sein.

Bedeutung erlangt die Voraussetzung nur bei untergesetzlichen Rechtsnormen, gegen die ggf. nach § 47 VwGO vorzugehen ist. Bei formellen Gesetzen findet § 90 Abs. 2 BVerfGG ohnehin keine Anwendung.

V. Das Erfordernis der **Rechtswegerschöpfung** (§ 90 Abs. 2 BVerfGG) gilt – trotz der systematischen Einbindung bei der Individual-VB – aufgrund der Bezugnahme in § 91 S. 1 BVerfGG auf die „Verfassungsbeschwerde" auch für die Kommunal-VB. Ob der allgemeine Grundsatz der **Subsidiarität** ebenfalls zu beachten ist, ist umstritten, aber zumeist irrelevant, da bei formellen Gesetzen ohnehin eine Vorlage zum BVerfG nach Art. 100 Abs. 1 GG erfolgen muss, sodass es der Gemeinde nicht zumutbar ist, auf eine fachgerichtliche Inzidentkontrolle verwiesen zu werden.

VI. Form und **Frist:** schriftlich mit Begründung innerhalb eines Jahres nach Inkrafttreten des Gesetzes (§§ 23 Abs. 1, 92, 93 Abs. 3 BVerfGG)

B. Begründetheit der Kommunalverfassungsbeschwerde

Die Kommunalverfassungsbeschwerde ist begründet, wenn ein Eingriff in das Selbstverwaltungsrecht vorliegt, der verfassungsrechtlich nicht gerechtfertigt ist (vgl. Art. 28 Abs. 2 GG: „im Rahmen der Gesetze").

Bei der Individual-VB kann ein Gesetz den Grundrechtseingriff nur rechtfertigen, wenn es insgesamt formell und materiell verfassungsgemäß ist (und damit z.B. Teil der verfassungsmäßigen Ordnung i.S.d. Art. 2 Abs. 1 GG). Bei der Kommunal-VB gilt dies nicht, da es hier nicht um Grundrechte als individuelle Freiheitsrechte geht, sondern um staatliche Kompetenzen. Eine mit Art. 2 Abs. 1 GG vergleichbare allgemeine Handlungsfreiheit gibt es für Gemeinden und Gemeindeverbände nicht.

Da im Rahmen der Kommunal-VB nur das Recht der Selbstverwaltung rügefähig ist, ist **Prüfungsmaßstab** grds. auch nur Art. 28 Abs. 2 GG. Anders als bei der abstrakten Normenkontrolle geht es nicht um die Verfassungsmäßigkeit einer Rechtsnorm, sondern um die Sicherung der kommunalen Selbstverwaltungsgarantie. Das BVerfG ist daher nicht befugt, die Begründetheitsprüfung beliebig auf andere Verfassungsvorschriften auszuweiten und zieht nur diejenigen Verfassungsbestimmungen und Verfassungsgrundsätze ergänzend heran, die nach ihrem Inhalt „das verfassungsrechtliche Bild der Selbstverwaltung mitzubestimmen geeignet sind". Dazu zählen das Demokratieprinzip, das Bundesstaatsprinzip, das Rechtsstaatsprinzip, das Willkürverbot, die Gesetzgebungszuständigkeiten (Art. 70 ff. GG) und die Verwaltungskompetenzen (Art. 83 ff. GG).

7. Abschnitt: Sonstige Verfahren vor dem BVerfG

I. Nach Art. 93 Abs. 1 Nr. 4c GG, § 13 Nr. 3a BVerfGG entscheidet das BVerfG über Beschwerden von Vereinigungen gegen ihre **Nichtanerkennung als Partei** für die Wahl zum Bundestag (dazu §§ 96a ff. BVerfGG, § 18 Abs. 4a BWahlG).

Vgl. auch die Aufstellung in § 13 Nr. 1–15 BVerfGG

II. Nach Art. 93 Abs. 1 Nr. 5 GG entscheidet das BVerfG in den übrigen im Grundgesetz vorgesehenen Fällen, z.B. **Verwirkung von Grundrechten** (Art. 18 S. 2 GG), **Parteiverbot** und Ausschluss einer Partei von staatlicher Finanzierung (Art. 21 Abs. 4 GG), **Wahlprüfungsbeschwerde** (Art. 41 Abs. 2 GG), **Präsidentenanklage** (Art. 61 GG) und **Richteranklage** (Art. 98 Abs. 2 und 5 GG), Feststellung von **Völkerrecht** als Bundesrecht (Art. 100 Abs. 2 GG), **Divergenzvorlage** (Art. 100 Abs. 3 GG) und das Verfahren nach Art. 126 GG.

III. Art. 93 Abs. 3 GG begründet des Weiteren eine ausschließliche Gesetzgebungskompetenz des Bundes für eine **einfach-gesetzliche Rechtswegeröffnung** zum BVerfG. Die Ermächtigung ist unbeschränkt, allerdings darf hierdurch keine Funktionsunfähigkeit des BVerfG bewirkt werden.

Unter Art. 93 Abs. 3 GG fallen z.B. § 26 Abs. 3 EuropaWahlG (Wahlprüfungsbeschwerde bei der Wahl zum Europäischen Parlament), § 33 Abs. 2 ParteiG (Verbot von Ersatzorganisationen), § 36 Abs. 2 PUAG (Vorlageverfahren bei Untersuchungsausschüssen des Bundestages, vgl. dazu auch §§ 13 Nr. 11a, 82a BVerfGG).

8. Abschnitt: Vorläufiger Rechtsschutz

Nach § 32 BVerfGG kann das BVerfG einen Zustand durch **einstweilige Anordnung** vorläufig regeln. Die Möglichkeit zum Erlass einer einstweiligen Anordnung besteht **in allen Verfahren** vor dem BVerfG (vgl. den besonderen Fall in § 53 BVerfGG).

A. Zulässigkeit des Eilantrags

Zum Umfang der Zulässigkeitsprüfung im Rahmen des § 32 BVerfGG werden unterschiedliche Auffassungen vertreten. Das BVerfG selbst unterscheidet nicht zwischen Zulässigkeit und Begründetheit. Üblicherweise werden nur folgende Gesichtspunkte angesprochen:

- keine Vorwegnahme der Hauptsache,
- besonderes Rechtsschutzbedürfnis.

I. Die **Zuständigkeit** des BVerfG für den Erlass einer einstweiligen Anordnung ist gegeben, wenn das BVerfG für das anhängige oder zu erwartende Hauptsacheverfahren zuständig ist.

II. Beteiligtenfähig ist jeder, der auch im Hauptsacheverfahren beteiligtenfähig sein kann.

III. Die **Antragsbefugnis** richtet sich ebenfalls nach den Vorgaben des Hauptsacheverfahrens.

IV. Aus dem Charakter als vorläufige Entscheidung folgt, dass die Entscheidung in der **Hauptsache nicht vorweggenommen** werden darf. Etwas anderes gilt nur dann, wenn unter den gegebenen Umständen eine Entscheidung in der Hauptsache zu spät käme und der Antragsteller in anderer Weise ausreichenden Rechtsschutz nicht mehr erlangen kann.

V. Das **Rechtsschutzbedürfnis** fehlt, wenn keine Dringlichkeit i.S.d. § 32 BVerfGG besteht oder wenn der Antragsteller rechtzeitig und zumutbar fachgerichtlichen (Eil-)Rechtsschutz in Anspruch nehmen kann (Rechtsgedanke des § 90 Abs. 2 BVerfGG).

VI. Form: Die einstweilige Anordnung wird nach § 23 Abs. 1 BVerfGG i.d.R. nur auf schriftlich begründeten Antrag erlassen.

Das BVerfG hat mehrfach – allerdings ohne Begründung – die Auffassung vertreten, es könne eine einstweilige Anordnung auch von Amts wegen erlassen.

B. Begründetheit des Eilantrags

Gemäß § 32 Abs. 1 BVerfGG ist der Antrag begründet, wenn die einstweilige Anordnung zur Abwehr schwerer Nachteile, zur Verhinderung drohender Gewalt oder aus einem anderen wichtigen Grund zum gemeinen Wohl dringend geboten ist. Insoweit hat eine **umfassende Güter- und Interessenabwägung** zu erfolgen (sog. **Doppelhypothese**):

- einerseits zwischen den Nachteilen, die eintreten würden, wenn eine einstweilige Anordnung nicht erginge, das Hauptsacheverfahren aber Erfolg hätte,
- andererseits gegenüber den Folgen, die entstünden, wenn die begehrte einstweilige Anordnung erlassen würde, das Hauptsacheverfahren aber erfolglos bliebe.

Bei der **Folgenabwägung** haben die Gründe, die für die Verfassungswidrigkeit der angegriffenen Maßnahme vorgetragen werden, grundsätzlich außer Betracht zu bleiben. Etwas anderes gilt nur dann, wenn sich das Hauptsacheverfahren von vornherein als **offensichtlich unzulässig** oder **offensichtlich unbegründet** erweist.

Besonders strenge Maßstäbe legt das BVerfG an, wenn es um die Außervollzugsetzung eines Gesetzes geht (vgl. BVerfG RÜ 2009, 247, 249).

2. Teil: Die verwaltungsgerichtlichen Klagen

A. Zulässigkeit der Klage

So der klassische **zweistufige Aufbau**, der (nur) nach Zulässigkeit und Begründetheit der Klage unterscheidet. Nach der Gegenansicht (dreistufiger Aufbau) sind die gerichtsbezogenen Sachurteilsvoraussetzungen (Rechtsweg, örtliche und sachliche Zuständigkeit) vor der Zulässigkeit zu erörtern (vgl. AS-Skript VwGO, [2019], Rn. 9 ff.).

Die **Prüfung der Zulässigkeit** einer verwaltungsgerichtlichen Klage kann man grob in vier Oberpunkte einteilen:

- **Zulässigkeit des Rechtswegs**
- **Statthaftigkeit der Klageart**
- **Besondere Sachurteilsvoraussetzungen**
- **Allgemeine Sachurteilsvoraussetzungen**

I. Verwaltungsrechtsweg

Das Verwaltungsgericht darf eine Entscheidung in der Sache nur treffen, wenn der Verwaltungsrechtsweg eröffnet ist. Dieser kann sich ergeben

- aus **speziellen Rechtswegzuweisungen** oder
- aus der **Generalklausel** des § 40 Abs. 1 S. 1 VwGO.

1. Aufdrängende Spezialzuweisungen zum Verwaltungsgericht

Die wichtigste spezialgesetzliche Zuweisung zum Verwaltungsgericht besteht bei **beamtenrechtlichen Klagen** (§ 126 Abs. 1 BBG für Bundesbeamte, § 54 Abs. 1 BeamtStG für Landesbeamte). Danach ist für alle Klagen der Beamten, Ruhestandsbeamten, früheren Beamten und der Hinterbliebenen „aus dem Beamtenverhältnis" sowie für Klagen des Dienstherrn der Verwaltungsrechtsweg gegeben.

Beispiele: Klage des Beamten gegen eine Versetzung oder Umsetzung, beamtenrechtliche Konkurrentenklagen, aber auch die Klage auf Begründung eines Beamtenverhältnisses.

Aufdrängende Spezialzuweisungen sind grds. **nur kraft Bundesrechts** möglich (Ausn. § 187 Abs. 1 VwGO). § 40 Abs. 1 S. 2 VwGO gilt nur für **abdrängende** Zuweisungen an andere Gerichte.

Weitere spezialgesetzliche Zuweisungen zum Verwaltungsgericht finden sich insbes. in neueren Bundesgesetzen, z.B. in § 6 Abs. 1 UIG für Umweltinformationen auf Bundesebene und § 54 BAföG für öffentlich-rechtliche Streitigkeiten im Bereich der Ausbildungsförderung.

2. Generalklausel des § 40 Abs. 1 S. 1 VwGO

Soweit eine Rechtsstreitigkeit nicht schon durch eine vorrangige Spezialregelung den Verwaltungsgerichten zugewiesen ist, ist die Zulässigkeit des Verwaltungsrechtswegs anhand der **Generalklausel** des § 40 Abs. 1 S. 1 VwGO zu beurteilen. Danach ist der Verwaltungsrechtsweg in allen **öffentlich-rechtlichen Streitigkeiten nichtverfassungsrechtlicher Art** gegeben, soweit sie nicht einem **anderen Gericht ausdrücklich zugewiesen** sind.

a) Öffentlich-rechtliche Streitigkeit

Die Beurteilung, ob eine Streitigkeit öffentlich-rechtlicher oder privatrechtlicher Natur ist, richtet sich nach der **Rechtsnatur des Rechtsverhältnisses,** aus dem der Klageanspruch hergeleitet wird. **Öffentlich-rechtlich** ist die Streitigkeit, wenn

- ein Verwaltungsträger **eindeutig** von ihm (angeblich) zustehenden hoheitlichen Befugnissen Gebrauch gemacht hat oder
- die **streitentscheidende Norm** eine Vorschrift des öffentlichen Rechts ist.

aa) Eindeutige Maßnahmen

Eindeutig öffentlich-rechtlich ist die Streitigkeit bei Maßnahmen der Eingriffsverwaltung (vornehmlich im Polizei- und Ordnungsrecht), oder wenn sich der Verwaltungsträger eindeutig auf hoheitliche Befugnisse stützt. Hier liegt stets eine öffentlich-rechtliche Streitigkeit i.S.d. § 40 Abs. 1 S. 1 VwGO vor, selbst wenn die Maßnahme inhaltlich eine privatrechtliche Rechtsbeziehung betrifft (z.B. Kündigung eines Vertrages durch Verwaltungsakt).

Die Frage, wie die Behörde hätte handeln müssen, ist keine Frage der Rechtsnatur der Maßnahme, sondern ihrer Rechtmäßigkeit. Selbstverständlich ist die Kündigung durch VA mangels entsprechender Befugnis rechtswidrig, entschieden wird darüber im Verwaltungsrechtsweg.

bb) Streitentscheidende Norm

Im Übrigen beurteilt sich die Frage, ob eine Streitigkeit **öffentlich-rechtlich** ist nach den allgemeinen für die Abgrenzung des öffentlichen Rechts vom Privatrecht entwickelten Kriterien:

- Wird ein **Abwehranspruch** geltend gemacht, richtet sich die Rechtsnatur der Streitigkeit nach der Rechtsnatur des abzuwehrenden Verwaltungshandelns.

  Beispiel: Abwehransprüche gegen den Betrieb öffentlicher Einrichtungen (z.B. bei Lärmimmissionen) sind aufgrund des Sachzusammenhangs mit der öffentlichen Daseinsvorsorge i.d.R. als öffentlich-rechtlich zu qualifizieren.

- Bei einem **Leistungsanspruch** ist die Rechtsnatur der in Betracht kommenden Anspruchsgrundlage maßgebend.

  Beispiel: Ansprüche aus öffentlich-rechtlichen Vorschriften (z.B. § 5 ParteiG) sind grundsätzlich vor den Verwaltungsgerichten geltend zu machen.

- Ist die Verwaltungsmaßnahme **zweistufig** ausgestaltet, so ergeht über das „Ob" der Leistung eine Entscheidung aufgrund öffentlich-rechtlicher Vorschriften (1. Stufe). Die Abwicklung des Leistungsverhältnisses (das „Wie") kann dagegen auf privatrechtlicher Grundlage erfolgen, z.B. durch Abschluss eines privatrechtlichen Vertrages, aufgrund dessen die Leistung tatsächlich gewährt wird (2. Stufe).

  Beispiele: Zulassung zur Benutzung einer öffentlichen Einrichtung durch Verwaltungsakt und Abschluss eines Mietvertrages (§ 535 BGB), Bewilligung einer Subvention durch Bewilligungsbescheid und Abschluss eine Darlehensvertrages (§ 488 BGB).

- Sind **mehrere Rechtsgrundlagen** einschlägig, so reicht es aus, dass eine der in Betracht kommenden Normen öffentlich-rechtlich ist. Ist der Verwaltungsrechtsweg unter einem Aspekt eröffnet, so entscheidet das Verwaltungsgericht den Rechtsstreit grundsätzlich unter allen in Betracht kommenden rechtlichen Gesichtspunkten (§ 173 S. 1 VwGO, § 17 Abs. 2 S. 1 GVG), prüft also **auch rechtswegfremde Ansprüche**. Etwas anderes gilt nur in Bezug auf die verfassungsrechtlichen Rechtswegzuweisungen in Art. 14 Abs. 3 S. 4 GG (Enteignungsentschädigung) und Art. 34 S. 3 GG (Amtshaftungsansprüche). Für diese Ansprüche sind in jedem Fall ausschließlich die ordentlichen Gerichte zuständig (§ 17 Abs. 2 S. 2 GVG).

b) Nichtverfassungsrechtliche Streitigkeit

Nach § 40 Abs. 1 S. 1 VwGO ist der Verwaltungsrechtsweg nur in öffentlich-rechtlichen Streitigkeiten **nichtverfassungsrechtlicher Art** eröffnet. Nach herkömmlicher Auffassung sind verfassungsrechtlich grundsätzlich nur solche Streitigkeiten, die in formeller und materieller Hinsicht verfassungsrechtlichen Charakter haben (sog. **doppelte Verfassungsunmittelbarkeit**), d.h.

- Streitigkeiten zwischen Verfassungsorganen oder sonst unmittelbar am Verfassungsleben beteiligten Rechtsträgern, z.B. Parteien und Fraktionen **(formeller Aspekt)**,
- bei deren Hauptfrage es um die Anwendung und/oder Auslegung von Staatsverfassungsrecht geht **(materieller Aspekt)**.

Beachte:

- Von **abdrängenden Spezialzuweisungen** spricht man, wenn für eine an sich der Verwaltungsgerichtsbarkeit unterliegende Streitigkeit die Zuständigkeit eines anderen Gerichts begründet wird,
- von **aufdrängenden Spezialzuweisungen** dagegen, wenn durch die gesetzliche Regelung die Zuständigkeit des Verwaltungsgerichts außerhalb des § 40 Abs. 1 S. 1 VwGO begründet wird (s.o. S. 10).

Nichtverfassungsrechtlich sind insbesondere Streitigkeiten zwischen dem Bürger und dem Staat, auch wenn es um die Verletzung von Grundrechten geht. Denn Klagegegenstand ist die Rechtmäßigkeit einer Maßnahme der Verwaltung, die Vereinbarkeit mit Grundrechten ist nur eine Nebenfrage.

c) Abdrängende Spezialzuweisungen

Bei öffentlich-rechtlichen Streitigkeiten nichtverfassungsrechtlicher Art ist nach § 40 Abs. 1 S. 1 VwGO der Verwaltungsrechtsweg nur eröffnet, wenn die Streitigkeit **nicht einem anderen Gericht ausdrücklich zugewiesen** ist (sog. abdrängende Zuweisung).

- Abdrängende Zuweisungen existieren insbesondere zu den **besonderen Verwaltungsgerichten**. Deren Zuständigkeit wird i.d.R. durch sachgebietsbezogene Generalklauseln begründet (z.B. § 51 SGG für die Sozialgerichte und § 33 FGO für die Finanzgerichte).

  Die **Sozialgerichte** sind nach § 51 Abs. 1 SGG vor allem zuständig für öffentlich-rechtliche Streitigkeiten im Sozialversicherungsrecht, aber auch für Fragen der Sozialhilfe. Die **Finanzgerichte** entscheiden nach § 33 Abs. 1 FGO insbesondere in öffentlich-rechtlichen Streitigkeiten in Abgabenangelegenheit der Bundes- oder Landesfinanzbehörden, also nicht bei Kommunalabgaben (z.B. Erschließungsbeiträge, Benutzungsgebühren etc.), für die nach § 40 Abs. 1 S. 1 VwGO grds. die allgemeinen Verwaltungsgerichte zuständig bleiben.

- Zuweisungen öffentlich-rechtlicher Streitigkeiten an die **ordentlichen Gerichte** finden sich vor allem im Staatshaftungsrecht (Art. 14 Abs. 3 S. 4 GG, Art. 34 S. 3 GG, § 40 Abs. 2 S. 1 VwGO). Die Verwaltungsgerichte sind hier nur zuständig, wenn die Pflichtverletzung auf einem öffentlich-rechtlichen Vertrag beruht (§ 40 Abs. 2 S. 1 Hs. 1 Fall 3 Alt. 2 VwGO), für Ausgleichsansprüche im Rahmen des Art. 14 Abs. 1 S. 2 GG (§ 40 Abs. 2 S. 1 Hs. 2 VwGO) und für beamtenrechtliche Ansprüche (§ 40 Abs. 2 S. 2 VwGO).

Weitere Zuweisungen an die ordentlichen Gerichte finden sich z.B. in §§ 23 ff. EGGVG für Justizverwaltungsmaßnahmen, in §§ 217 ff. BauGB für die sog. Baulandsachen und in § 68 OWiG für die Anfechtung von Bußgeldbescheiden. **Beispiel:** Bei Strafverfolgungsmaßnahmen aufgrund der StPO handelt die Polizei repressiv als Justizbehörde. Für den Rechtsweg gelten §§ 23, 25 EGGVG. Handelt die Polizei dagegen präventiv zur Gefahrenabwehr nach dem PolG, ist grundsätzlich der Verwaltungsrechtsweg gemäß § 40 Abs. 1 S. 1 VwGO gegeben.

II. Statthafte Klageart

Die Zulässigkeit der verwaltungsgerichtlichen Klage setzt neben der Eröffnung des Verwaltungsrechtswegs weiter voraus, dass die gewählte **Klageart** statthaft ist. **Statthaftigkeit** bedeutet, dass die streitige Maßnahme ihrer Art nach mit dem gewählten Rechtsbehelf angefochten bzw. erstritten werden kann.

Je nach dem Begehren des Klägers (§ 88 VwGO) kennt die VwGO verschiedene Klage- und Verfahrensarten:

- **Anfechtungsklage** (§ 42 Abs. 1 Fall 1 VwGO)
- **Verpflichtungsklage** (§ 42 Abs. 1 Fall 2 VwGO)
- **Fortsetzungsfeststellungsklage** (§ 113 Abs. 1 S. 4 VwGO)
- **Allgemeine Leistungsklage**
- **Allgemeine Feststellungsklage** (§ 43 Abs. 1 VwGO)
- **Verwaltungsgerichtliche Normenkontrolle** (§ 47 Abs. 1 VwGO)

1. Anfechtungsklage

Die Anfechtungsklage ist gemäß § 42 Abs. 1 Fall 1 VwGO statthaft, wenn der Kläger die **Aufhebung eines Verwaltungsaktes** (VA) durch das Verwaltungsgericht begehrt (§ 113 Abs. 1 S. 1 VwGO). Der Begriff des VA in § 42 VwGO entspricht dem in § 35 VwVfG. Die Anfechtungsklage richtet sich daher gegen die hoheitliche Maßnahme einer Behörde auf dem Gebiet des öffentlichen Rechts zur Regelung eines Einzelfalls mit Außenwirkung.

Gegenstand der Anfechtungsklage kann auch ein nichtiger VA i.S.d. § 44 VwVfG sein. Wahlweise kann Nichtigkeitsfeststellungsklage gemäß § 43 Abs. 1 Alt. 2 VwGO erhoben werden (vgl. § 43 Abs. 2 S. 2 VwGO).

Typischer Fall der Anfechtungsklage ist die Klage des Adressaten gegen einen ihn belastenden VA (z.B. Klage gegen eine Ordnungsverfügung oder gegen einen Leistungsbescheid). Dasselbe gilt, wenn der Kläger einen VA anficht, der einen Dritten belastet (z.B. Klage gegen die Ausweisung des Ehegatten). Schließlich ist die Anfechtungsklage auch statthaft, wenn ein Dritter sich gegen einen ihn belastenden, den Adressaten begünstigenden VA wendet (sog. VA mit Doppelwirkung), z.B. Nachbarklage gegen die dem Bauherrn erteilte Baugenehmigung.

2. Verpflichtungsklage

Die Verpflichtungsklage ist eine besondere Form der Leistungsklage. Sie ist gemäß § 42 Abs. 1 Fall 2 VwGO statthaft, wenn der Kläger den **Erlass eines abgelehnten** (sog. Versagungsgegenklage) oder **unterlassenen Verwaltungsakts** (sog. Untätigkeitsklage) begehrt.

Die Verpflichtungsklage erfasst vor allem die Fälle, in denen der Kläger einen begünstigenden VA an sich selbst erstrebt (z.B. Erteilung einer Baugenehmigung). Die Verpflichtungsklage ist aber auch dann statthaft, wenn der Kläger einen VA begehrt, der einen Dritten begünstigt (z.B. Klage der Ehefrau eines Ausländers auf Erteilung einer Aufenthaltserlaubnis für ihren Ehemann) oder einen Dritten belastet (z.B. Klage des Nachbarn auf Erlass einer Beseitigungsverfügung gegen den Bauherrn).

3. Fortsetzungsfeststellungsklage

Hat sich der angefochtene Verwaltungsakt durch Zurücknahme oder anderweitig **erledigt**, so kann das Gericht auf Antrag des Klägers feststellen, dass der Verwaltungsakt rechtswidrig gewesen ist, wenn der Kläger ein berechtigtes Interesse an dieser Feststellung hat (§ 113 Abs. 1 S. 4 VwGO).

Aufgrund seiner systematischen Stellung im 10. Abschnitt der VwGO über Urteile (was begrifflich ein Klageverfahren voraussetzt) erfasst die Vorschrift unmittelbar nur den Fall der Erledigung einer Anfechtungsklage nach Klageerhebung. Wegen der identischen Interessenlage gilt § 113 Abs. 1 S. 4 VwGO analog in erledigten Verpflichtungssituationen und nach h.Rspr. auch bei Erledigung vor Klageerhebung, während die Gegenansicht hier auf die allgemeine Feststellungsklage (§ 43 Abs. 1 VwGO) zurückgreift (vgl. AS-Skript VwGO [2019], Rn. 368 ff.).

§ 113 Abs. 1 S. 4 VwGO gilt nach h.Rspr. nicht bei Erledigung schlichten Verwaltungshandelns. Hier greift die allgemeine Feststellungsklage ein (AS-Skript VwGO [2019], Rn. 341 ff.).

4. Allgemeine Leistungsklage

Die allgemeine Leistungsklage ist in der VwGO nicht ausdrücklich geregelt, wird aber z.B. in §§ 43 Abs. 2, 111 VwGO erwähnt und ist im Übrigen gewohnheitsrechtlich anerkannt. Sie ist statthaft, wenn das Begehren des Klägers auf eine Leistung gerichtet ist, die nicht im Erlass oder in der Aufhebung eines VA besteht, also insbes. bei **schlichtem Verwaltungshandeln** ohne Regelungswirkung (z.B. Klage auf Herausgabe einer Sache, auf Geldzahlung oder auf Unterlassung).

Etwas anderes gilt, wenn dem schlichten Verwaltungshandeln eine **regelnde Entscheidung vorgeschaltet** ist, „ob" die Behörde die Maßnahme vornimmt bzw. „ob" der Kläger einen Anspruch auf die Maßnahme hat. In diesem Fall muss zunächst Verpflichtungsklage erhoben werden (BVerwG RÜ 2016, 661, 662 f.). Eine solche regelnde Entscheidung ist insbesondere anzunehmen, wenn

- die Leistung nur abstrakt im Gesetz vorgesehen ist und deshalb eine Subsumtion durch die Behörde im Einzelfall erfolgen muss oder
- die Leistung im Ermessen der Behörde steht und diese entscheiden muss, ob die begehrte Leistung erbracht werden soll oder nicht (z.B. bei Informationsansprüchen).

5. Allgemeine Feststellungsklage

Die allgemeine Feststellungsklage (§ 43 Abs. 1 VwGO) ist gerichtet auf Feststellung

- des **Bestehens eines Rechtsverhältnisses** (positive Feststellungsklage),
- des **Nichtbestehens eines Rechtsverhältnisses** (negative Feststellungsklage),
- oder der **Nichtigkeit eines VA** (Nichtigkeitsfeststellungsklage).

a) Streitgegenstand der allgemeinen Feststellungsklage ist ein **Rechtsverhältnis**. Darunter versteht man die sich aus einem konkreten Sachverhalt aufgrund einer (öffentlich-rechtlichen) Rechtsnorm ergebenden rechtlichen Beziehungen einer Person zu einer anderen Person oder zu einer Sache. Gegenstand der Feststellungsklage können auch einzelne sich aus dem Rechtsverhältnis ergebende Rechte und Pflichten sein (BVerwG RÜ 2018, 243, 244). **Nicht feststellungsfähig** sind dagegen unselbstständige Teile oder Vorfragen von Rechtsverhältnissen, die nicht unmittelbar Rechte und Pflichten begründen (z.B. bloße Tatsachen oder Eigenschaften einer Person). Ebenso können rein abstrakte Rechtsfragen (z.B.die Wirksamkeit einer Rechtsnorm) nicht durch die Feststellungsklage geklärt werden.

Ergibt sich allerdings aus der Anwendung der Norm auf einen bestimmten Sachverhalt ein konkretes Rechtsverhältnis, so ist eine Inzidentkontrolle der zugrunde liegenden Rechtsnorm im Rahmen der Feststellungsklage möglich. **Beispiel:** Mit der Feststellungsklage kann geklärt werden, ob die Behörde berechtigt ist, eine vom Kläger für unwirksam gehaltene Norm im konkreten Fall anzuwenden (OVG NRW RÜ 2016, 593, 594).

b) Die Feststellungsklage ist nach § 43 Abs. 2 VwGO **nicht zulässig**, soweit der Kläger seine Rechte durch Gestaltungs- oder Leistungsklage verfolgen kann oder hätte verfolgen können. Gegenüber Anfechtungs-, Verpflichtungs- und Leistungsklagen ist die Feststellungsklage daher subsidiär. Die **Subsidiarität** gilt **nicht**

- bei der **Nichtigkeitsfeststellungsklage** (§ 43 Abs. 2 S. 2 VwGO),
- wenn die **Feststellungsklage rechtsschutzintensiver** ist oder
- nach **Sinn und Zweck** des § 43 Abs. 2 VwGO, wenn weder die Gefahr eines Doppelprozesses besteht noch die besonderen Sachurteilsvoraussetzungen anderer Klagen unterlaufen werden.

6. Verwaltungsgerichtliche Normenkontrolle

Von der verwaltungsgerichtlichen Normenkontrolle zu unterscheiden sind die abstrakte und die konkrete Normenkontrolle durch das Verfassungsgericht (vgl. z.B. für das BVerfG Art. 93 Abs. 1 Nr. 2 u. Art. 100 GG), dazu oben S. 4 ff.

a) Gegenstand des (abstrakten) Normenkontrollverfahrens vor dem OVG (VGH) sind gemäß § 47 Abs. 1 VwGO Satzungen nach den Vorschriften des BauGB (insbesondere Bebauungspläne, § 10 BauGB) und andere im Rang unter dem Landesgesetz stehende Rechtsvorschriften, sofern das Landesrecht dies bestimmt (in allen Ländern mit Ausnahme von Berlin und Hamburg).

Im Fall des § 47 Abs. 1 Nr. 2 VwGO können Gegenstand der Normenkontrolle z.B. sein RechtsVOen des Landes sowie Satzungen der Kommunen, nicht dagegen Bundesrecht oder formelle Landesgesetze (vgl. z.B. VGH BW RÜ 2016, 667, 668).

b) Den Antrag kann jede natürliche oder juristische Person stellen, die geltend macht, durch die Rechtsvorschrift oder deren Anwendung in ihren Rechten verletzt zu sein oder in absehbarer Zeit verletzt zu werden (sog. **Antragsbefugnis**), innerhalb einer **Antragsfrist** von einem Jahr nach Bekanntmachung der Rechtsvorschrift (§ 47 Abs. 2 S. 1 VwGO). **Antragsgegner** ist die Körperschaft, Anstalt oder Stiftung, welche die Rechtsvorschrift erlassen hat (§ 47 Abs. 2 S. 2 VwGO).

Beispiel: Bei einem Bebauungsplan ist die Antragsbefugnis zu bejahen, wenn der Betroffene geltend macht, dass seine Belange nicht oder nur unzureichend in der Abwägung (§ 1 Abs. 7 BauGB) berücksichtigt worden seien.

III. Besondere Sachurteilsvoraussetzungen

1. Klagebefugnis

a) Anfechtungs- und Verpflichtungsklagen sind gemäß § 42 Abs. 2 VwGO grundsätzlich nur zulässig, wenn der Kläger geltend macht, durch den Verwaltungsakt oder seine Ablehnung oder Unterlassung in seinen Rechten verletzt zu sein (sog. Klagebefugnis). Allgemein anerkannt ist, dass eine Klagebefugnis auch bei der **Fortsetzungsfeststellungsklage** (§ 113 Abs. 1 S. 4 VwGO) erforderlich ist. Um eine der VwGO fremde Popularklage zu verhindern, wird § 42 Abs. 2 VwGO von der Rspr. auch bei der **allgemeinen Leistungsklage** und bei der **allgemeinen Feststellungsklage** angewendet. Die Gegenansicht verneint hier die für eine Analogie erforderliche Regelungslücke, da bei diesen Klagen das allgemeine Rechtsschutzbedürfnis bzw. das Feststellungsinteresse ein ausreichendes Korrektiv sei, um eine Popularklage zu verhindern. Bei der Normenkontrolle ist eine **Antragsbefugnis** erforderlich (§ 47 Abs. 2 VwGO), deren Anforderungen denen der Klagebefugnis entsprechen (s.o. S. 14).

Etwas anderes gilt bei abweichender gesetzlicher Regelung (§ 42 Abs. 2 VwGO: „soweit gesetzlich nichts anderes bestimmt ist“), insbes. im Naturschutzrecht nach § 64 BNatSchG (bzw. entspr. Landesrecht) und im Umweltrecht nach § 2 Umweltrechtsbehelfsgesetz (URBG).

b) Erforderlich und ausreichend für die Klagebefugnis ist, dass eine Verletzung der subjektiven Rechte des Klägers möglich ist **(Möglichkeitstheorie)**. Negativ formuliert heißt das, dass die Klagebefugnis nur dann fehlt, wenn offensichtlich und eindeutig nach keiner Betrachtungsweise die vom Kläger behaupteten Rechte bestehen oder ihm zustehen können.

Unproblematisch ist die Klagebefugnis beim Adressaten eines belastenden VA, da hier immer eine Verletzung von Art. 2 Abs. 1 GG möglich ist (sog. Adressatentheorie).

c) Subjektive Rechte können sich in erster Linie aus einfach-gesetzlichen Vorschriften ergeben. Eine Rechtsnorm begründet dann ein subjektives öffentliches Recht, wenn sie nicht nur den Interessen der Allgemeinheit, sondern nach ihrer Zweckbestimmung **zumindest auch den Individualinteressen** des Klägers zu dienen bestimmt ist **(Schutznormtheorie)**.

Beispiele sind die nachbarschützenden Vorschriften im Baurecht (z.B. § 15 Abs. 1 S. 2 BauNVO i.V.m. dem Gebot der Rücksichtnahme), im Umweltrecht (z.B. § 5 Abs. 1 S. 1 Nr. 1 BImSchG) oder im Gewerberecht (z.B. § 33a Abs. 2 Nr. 3 GewO).

Die **Klagebefugnis fehlt**, wenn

- die Vorschrift nur dem Schutz der Allgemeinheit dient,
- der Betroffene nicht zum geschützten Personenkreis gehört oder
- der Schutz der Interessen des betroffenen Bürgers nicht bezweckt ist, sondern sich als bloßer Reflex der Regelung erweist.

d) Subjektive Rechte können sich auch aus **Grundrechten** ergeben. Bei Grundrechten ist nicht der subjektiv-rechtliche Charakter zweifelhaft, sondern entscheidend, ob die Maßnahme in den Schutzbereich des Grundrechts eingreift. Ein Rückgriff auf Grundrechte ist jedoch nur zulässig, wenn einfachgesetzliche Vorschriften mit drittschützender Wirkung fehlen **(Anwendungsvorrang des einfachen Rechts)**.

Beispiel: Mit den §§ 53 ff. AufenthG wird ausschließlich das Interesse der Allgemeinheit an der Ausweisung des Ausländers verfolgt. Der Ehegatte des Betroffenen kann sich jedoch auf den Schutz des Art. 6 Abs. 1 GG berufen, da durch die Ausweisung die eheliche Lebensgemeinschaft beeinträchtigt wird.

Gegenbeispiel: Ein Abwehrrecht des Nachbarn kann sich im Baurecht nicht aus Art. 14 GG ergeben, da die einfach-gesetzlichen Bauvorschriften Inhalt und Schranken des Eigentums bestimmen (Art. 14 Abs. 1 S. 2 GG).

2. Vorverfahren

a) Vor der Erhebung von **Anfechtungs- und Verpflichtungsklagen** muss nach § 68 Abs. 1 S. 1 bzw. Abs. 2 VwGO grundsätzlich ein Vorverfahren durchgeführt werden. Bei Leistungs- und Feststellungsklagen ist ein Vorverfahren nicht vorgesehen. Etwas anderes gilt im Beamtenrecht, wo für alle Klagen, also

auch für beamtenrechtliche Leistungs- und Feststellungsklagen, ein Vorverfahren vorgeschrieben ist (§ 126 Abs. 2 S. 1 BBG, § 54 Abs. 2 S. 1 BeamtStG, vorbehaltlich landesrechtlicher Ausnahmen § 54 Abs. 2 S. 3 BeamtStG).

Bei der **Fortsetzungsfeststellungsklage** (§ 113 Abs. 1 S. 4 VwGO) ist ein Vorverfahren jedenfalls dann erforderlich, wenn Erledigung nach Klageerhebung eintritt. Denn die Erledigung kann aus einer bis dahin unzulässigen Anfechtungs- oder Verpflichtungsklage keine zulässige Fortsetzungsfeststellungsklage machen. Bei **vorprozessualer Erledigung** wird dagegen auf ein Vorverfahren überwiegend verzichtet, wenn Erledigung vor Bestandskraft (insbesondere vor Ablauf der Widerspruchsfrist) eingetreten ist

Die Gegenansicht hält ein Vorverfahren stets auch nach Erledigung für erforderlich (sog. Fortsetzungsfeststellungswiderspruch). Dagegen spricht, dass ein erledigter VA nicht mehr aufgehoben oder geändert werden kann.

b) Ein Vorverfahren ist **nicht erforderlich**

- bei **gesetzlicher Ausnahme** (§ 68 Abs. 1 S. 2 Hs. 1 VwGO: „wenn ein Gesetz dies bestimmt"),

  vgl. insbes. die landesgesetzlichen Ausnahmen in Art. 15 BayAGVwGO (mit Wahlrecht in einigen Bereichen), § 16 a HessAGVwGO, § 80 NJG, § 110 JustG NRW.

- wenn der VA von einer **obersten Bundesbehörde** oder **obersten Landesbehörde** erlassen worden ist (§ 68 Abs. 1 S. 2 Nr. 1 VwGO), also insbes. bei ministeriellen Entscheidungen oder
- wenn der **Abhilfebescheid** oder der **Widerspruchsbescheid** erstmalig eine Beschwer enthält (§ 68 Abs. 1 S. 2 Nr. 2 VwGO).

Etwas anderes gilt bei gesetzlicher Rückausnahme, z.B. für ministerielle Entscheidungen im Beamtenrecht nach § 126 Abs. 2 S. 2 BBG.

c) Die Rspr. nimmt darüber hinaus an, dass ein Vorverfahren **entbehrlich** ist, wenn sein **Zweck** schon **auf andere Weise erreicht** ist oder **nicht mehr erreicht** werden kann.

Das Vorverfahren ist danach i.d.R. entbehrlich bei sachlicher Einlassung der Widerspruchsbehörde im Prozess, da die Behörde im Widerspruchsbescheid voraussichtlich keine andere Auffassung vertreten würde (a.A. die h.Lit.).

3. Klagefrist

a) Die **Anfechtungsklage** muss innerhalb eines Monats nach Zustellung des Widerspruchsbescheides erhoben werden (§ 74 Abs. 1 S. 1 VwGO). Ist nach § 68 Abs. 1 S. 2 VwGO ein Widerspruchsbescheid nicht erforderlich, so muss die Klage innerhalb eines Monats nach Bekanntgabe des Verwaltungsakts erhoben werden (§ 74 Abs. 1 S. 2 VwGO). Entsprechendes gilt für die **Verpflichtungsklage**, wenn der Antrag auf Vornahme des Verwaltungsakts abgelehnt worden ist (§ 74 Abs. 2 VwGO).

b) Fehlt eine **ordnungsgemäße Rechtsbehelfsbelehrung**, so gilt nicht die Monatsfrist, sondern gemäß § 58 Abs. 2 S. 1 VwGO eine Frist von einem Jahr. Unrichtig ist die Rechtsbehelfsbelehrung, wenn obligatorische Bestandteile i.S.d. § 58 Abs. 1 VwGO fehlen, aber auch dann, wenn sie aufgrund **unrichtiger Zusätze** abstrakt geeignet ist, die Rechtsbehelfseinlegung zu erschweren.

Unrichtig ist z.B. eine Rechtsbehelfsbelehrung, die nur darauf verweist, dass die Klage schriftlich erhoben werden muss, ohne auf die Möglichkeit einer Einlegung zu Protokoll bei Gericht (§ 81 Abs. 1 S. 2 VwGO) hinzuweisen.

Zur Unrichtigkeit der RBB bei fehlendem Hinweis auf die elektronische Form nach § 55 a VwGO vgl. AS-Skript VwGO (2019), Rn. 517.

c) Für die **Fristberechnung** gelten gemäß § 57 Abs. 2 VwGO die Vorschriften in § 222 ZPO, §§ 187 ff. BGB. Die Frist **beginnt** mit der Bekanntgabe bzw. Zustellung des Verwaltungsakts.

Beachte in diesem Zusammenhang die Fiktion in § 41 Abs. 2 S. 1 VwVfG, § 4 Abs. 2 S. 2 VwZG. In den dort genannten Fällen gilt der Bescheid am dritten Tag nach der Aufgabe zu Post als bekanntgegeben bzw. zugestellt, es sei denn, dass er nicht oder zu einem späteren Zeitpunkt zugegangen ist.

Die Frist **endet** im folgenden Monat mit Ablauf des Tages, welcher zahlenmäßig dem Tag der Zustellung des Widerspruchsbescheides bzw. der Bekanntgabe des VA entspricht (§ 188 Abs. 2 BGB).

Erfolgt die Zustellung am 05.09., muss die Klage am 05.10. vor 24.00 h bei Gericht eingehen. Bei Bekanntgabe am 31.01. endet die Monatsfrist gem. § 188 Abs. 3 BGB mit dem 28.02. Fällt das Ende der Frist auf einen Sonnabend, Sonntag oder gesetzlichen Feiertag, so endet die Frist erst mit Ablauf des nächsten Werktages (§ 57 Abs. 2 VwGO i.V.m. § 222 Abs. 2 ZPO).

d) Leistungs-, Feststellungs- und Fortsetzungsfeststellungsklagen sind grundsätzlich nicht fristgebunden. Eine Ausnahme gilt für beamtenrechtliche Klagen, soweit gemäß § 126 Abs. 2 BBG, § 54 Abs. 2 BeamtStG ein Widerspruchsverfahren durchgeführt wurde und nach Zustellung des Widerspruchsbescheides § 74 Abs. 1 S. 1 VwGO einschlägig ist.

4. Klagegegner

a) Nicht zur Zulässigkeit, sondern zur Begründetheit gehört die Frage der **Passivlegitimation**, also, ob der Beklagte materiell der richtige Anspruchsgegner ist. Bei Anfechtungs- und Verpflichtungsklagen ist nach herrschendem Verständnis abweichend hiervon bereits in der Zulässigkeit zu prüfen, ob die Klage (prozessual) gegen den richtigen Beklagten gerichtet worden ist. Dies folgt aus § 78 VwGO, der nach h.M. nicht die Sachlegitimation, sondern die **passive Prozessführungsbefugnis** regelt. Kann die Behörde nach § 78 Abs. 1 Nr. 2 VwGO verklagt werden, so handelt sie in Prozessstandschaft für ihren Rechtsträger. Nach der Gegenansicht enthält § 78 VwGO eine Regelung der Passivlegitimation, deren Voraussetzungen (erst) im Rahmen der Begründetheit zu prüfen sind.

b) Richtiger Beklagter ist bei Anfechtungs- und Verpflichtungsklagen nach § 78 Abs. 1 Nr. 1 VwGO der Bund, das Land oder die Körperschaft, deren Behörde den angefochtenen VA erlassen oder den beantragten VA unterlassen hat. Sofern das Landesrecht dies bestimmt, sind Anfechtungs- und Verpflichtungsklagen gegen die Behörde selbst zu richten (§ 78 Abs. 1 Nr. 2 VwGO). Aufgrund der vergleichbaren Interessenlage gilt § 78 VwGO analog bei der Fortsetzungsfeststellungsklage (§ 113 Abs. 1 S. 4 VwGO) und bei der Nichtigkeitsfeststellungsklage (§ 43 Abs. 1 Alt. 2 VwGO).

Zum Landesrecht vgl. § 8 Abs. 2 Bbg VwGG, § 14 Abs. 2 AGGerStrG M-V, § 79 Abs. 2 NJG, § 19 Abs. 2 Saarl AGVwGO, § 8 S. 2 AGVwGO LSA, § 69 Abs. 2 LJG SH.

c) Bei **allgemeinen Leistungs- und Feststellungsklagen** ist § 78 VwGO nicht anwendbar. Bei der Leistungsklage ergibt sich die passive Prozessführungsbefugnis vielmehr aus dem Rechtsträgerprinzip. Die Klage ist also, sofern Beklagter ein Verwaltungsträger ist, gegen die Körperschaft zu richten, die nach dem materiellen Recht verpflichtet ist, den geltend gemachten Anspruch zu erfüllen. Bei der Feststellungsklage ist Klagegegner die Körperschaft, zu der das streitige Rechtsverhältnis bestehen oder nicht bestehen soll.

Da bei der Leistungs- und Feststellungsklage die Prozessführungsbefugnis und die Passivlegitimation identisch sind, braucht bei diesen Klagen auf den Klagegegner in der Zulässigkeit i.d.R. nicht eingegangen zu werden. Die Passivlegitimation wird sodann in der Begründetheit geprüft (wenn problematisch).

5. Feststellungsinteresse

a) Die **allgemeine Feststellungsklage** ist gemäß § 43 Abs. 1 VwGO nur zulässig, wenn der Kläger ein berechtigtes Interesse an der baldigen Feststellung hat (Feststellungsinteresse). Dabei ist – anders als in § 256 ZPO – kein rechtliches Interesse erforderlich. Ausreichend ist vielmehr jedes schutzwürdige Interesse rechtlicher, wirtschaftlicher oder ideeller Art.

b) Entsprechendes gilt für das sog. Fortsetzungsfeststellungsinteresse bei der **Fortsetzungsfeststellungsklage** (§ 113 Abs. 1 S. 4 VwGO). Anerkannte Fallgruppen sind Wiederholungsgefahr, Rehabilitationsbedürfnis, schwerwiegende Grundrechtsbeeinträchtigung bei kurzfristiger Erledigung und Präjudizwirkung für einen Schadensersatz- oder Entschädigungsprozess.

IV. Allgemeine Sachurteilsvoraussetzungen

1. Praktisch keine große Rolle spielt die Frage, ob für die Streitigkeit überhaupt die **deutsche Gerichtsbarkeit** gegeben ist (Ausnahmen in §§ 18 ff. GVG). Sie ist, wenn problematisch, vor der Eröffnung des Verwaltungsrechtswegs anzusprechen, da hiervon die Anwendbarkeit der VwGO insgesamt abhängt.

Die allgemeinen Sachurteilsvoraussetzungen gelten für alle verwaltungsgerichtlichen Verfahren. In der Klausur sind sie nur zu erwähnen, wenn ihr Vorliegen zweifelhaft ist. Auch hierbei gibt es keine feste Prüfungsreihenfolge.

2. Wenn ausnahmsweise die sachliche, instanzielle oder örtliche **Zuständigkeit des Gerichts** problematisch ist, so sollte dies i.d.R. nach Feststellung des Verwaltungsrechtswegs erörtert werden. Zu beachten ist jedoch, dass die örtliche Zuständigkeit zuweilen von der Klageart abhängt (vgl. § 52 Nr. 2 u. 3 VwGO) und daher erst nach deren Feststellung geprüft werden kann.

3. Die sonstigen allgemeinen Sachurteilsvoraussetzungen sollten, wenn problematisch, **i.d.R. nach den besonderen Sachurteilsvoraussetzungen** angesprochen werden.

a) Die Voraussetzungen einer **ordnungsgemäßen Klageerhebung** ergeben sich aus §§ 81, 82 VwGO.

b) Die **Beteiligtenfähigkeit** (§§ 61 ff. VwGO) wird zwar häufig bereits im Anschluss an die gerichtsbezogenen Voraussetzungen erörtert. Auch dies ist indes nicht zwingend. Insbesondere dann, wenn sich der richtige Klagegegner nach § 78 VwGO bestimmt, empfiehlt es sich, auf die Beteiligtenfähigkeit erst nach den besonderen Sachurteilsvoraussetzungen einzugehen.

c) Das **Rechtsschutzbedürfnis** fehlt, wenn der Kläger sein Begehren auf einem anderen Wege einfacher, umfassender oder schneller durchsetzen kann, oder wenn der Rechtsbehelf dem Kläger keine rechtlichen oder tatsächlichen Vorteile (mehr) bringt.

d) Wenn die Streitsache bei einem anderen Gericht **rechtshängig** ist, ist eine neue Klage während der Rechtshängigkeit unzulässig (§ 173 S. 1 VwGO i.V.m. § 17 Abs. 1 S. 2 GVG). Dasselbe gilt, wenn bereits eine **rechtskräftige Entscheidung** über den Streitgegenstand vorliegt (§ 121 VwGO).

Anhang:

Im **Anschluss an die Zulässigkeitsprüfung** kann es erforderlich sein, auf bestimmte prozessuale Besonderheiten hinzuweisen (z.B. Zulässigkeit einer Klagehäufung nach § 44 VwGO; Erforderlichkeit einer Beiladung nach § 65 VwGO oder Zulässigkeit einer Klageänderung gemäß § 91 VwGO). Diese Punkte berühren **nicht die Zulässigkeit der Klage**.

Deshalb immer erst die Zulässigkeit der Klage feststellen und anschließend die prozessualen Besonderheiten erörtern! **Beispiel:** „Die Klage ist zulässig. Bauherr B ist gemäß § 65 Abs. 2 VwGO notwendig beizuladen."

Sind bei einer Klagehäufung die Voraussetzungen des § 44 VwGO nicht erfüllt, so bleibt jede Klage für sich gesehen zulässig. Nur die gleichzeitige Behandlung in einem Verfahren ist nicht möglich. Die Verfahren werden dann nach § 93 VwGO getrennt. Auch wenn z.B. eine notwendige Beiladung (§ 65 Abs. 2 VwGO) nicht erfolgt, ist die Klage gleichwohl zulässig, das Urteil wirkt nur nicht gegenüber dem Dritten (§ 121 VwGO).

B. Begründetheit der Klage

Bei der Verpflichtungsklage muss die Sache außerdem spruchreif sein. Fehlt es daran (z.B. bei Ermessen der Behörde), ergeht ein Bescheidungsurteil (§ 113 Abs. 5 S. 2 VwGO).

- **Anfechtungs- und Verpflichtungsklagen** sind gemäß § 113 Abs. 1 S. 1 bzw. § 113 Abs. 5 S. 1 VwGO nur begründet, soweit
  - der VA bzw. dessen Nichterlass (objektiv) **rechtswidrig** und
  - der Kläger **dadurch** in seinen (subjektiven) **Rechten verletzt** ist.
- Entsprechendes gilt für die **Fortsetzungsfeststellungsklage** (§ 113 Abs. 1 S. 4 VwGO), soweit
  - der erledigte VA **rechtswidrig gewesen** ist und
  - der Kläger dadurch in seinen **Rechten verletzt** wurde.
- Die **allgemeine Leistungsklage** ist begründet, wenn der Kläger einen Anspruch auf die begehrte Handlung, Duldung oder Unterlassung hat.
- Die **allgemeine Feststellungsklage** (§ 43 Abs. 1 VwGO) ist begründet, soweit das behauptete Rechtsverhältnis besteht bzw. das bestrittene Rechtsverhältnis nicht besteht oder der VA nichtig ist.
- Der **Normenkontrollantrag** (§ 47 Abs. 1 VwGO) ist begründet, wenn die angegriffene Rechtsnorm gegen höherrangiges Recht verstößt.

I. Rechtmäßigkeit des Verwaltungsakts
1. Ermächtigungsgrundlage
2. Formelle Rechtmäßigkeit
a) Zuständigkeit (sachlich, instanziell, örtlich)
b) Verfahren, insbes. Anhörung, § 28 VwVfG
c) Form, §§ 37, 39 VwVfG
3. Materielle Rechtmäßigkeit
a) Voraussetzungen der Ermächtigungsgrundlage
b) Richtiger Adressat
c) Allgemeine Rechtmäßigkeitsvoraussetzungen
aa) Bestimmtheit, § 37 Abs. 1 VwVfG
bb) Möglichkeit der Maßnahme (tatsächlich und rechtlich)
cc) Verhältnismäßigkeit (geeignet, erforderlich, angemessen)
d) Rechtsfolge
▪ **gebundene Entscheidung**: Behörde muss handeln
▪ **Ermessensentscheidung:** Überprüfung auf Ermessensfehler: Ermessensüberschreitung/-unterschreitung, Ermessensfehlgebrauch

Ein Verwaltungsakt ist nur rechtmäßig, wenn

- er auf einer wirksamen **Ermächtigungsgrundlage** beruht,
- die Zuständigkeits-, Verfahrens- und Formvorschriften eingehalten sind **(formelle Rechtmäßigkeit)** und
- der VA inhaltlich mit dem geltenden Recht im Einklang steht **(materielle Rechtmäßigkeit)**.

1. Ermächtigungsgrundlage

a) Ob eine **Ermächtigungsgrundlage** erforderlich ist, beurteilt sich nach dem Grundsatz vom Vorbehalt des Gesetzes (Art. 20 Abs. 3 GG: Gesetzmäßigkeit der Verwaltung). Bejaht wird dies für **belastende Maßnahmen** und **wesentliche Entscheidungen** (Wesentlichkeitstheorie). Wesentlich in diesem Sinne sind vor allem Entscheidungen, die den Grundrechtsbereich in nennenswertem Umfang tangieren. Der Vorbehalt des Gesetzes gilt daher für alle grundrechtsrelevanten Maßnahmen.

b) Bei der Frage nach der einschlägigen Ermächtigungsgrundlage ist gedanklich nach dem **Spezialitätsgrundsatz** vorzugehen.

Spezialgesetze gehen den allgemeinen Gesetzen vor, wobei (wegen Art. 31 GG) **spezielle Bundesgesetze** (z.B. BauGB, BImSchG) vor **speziellen Landesgesetzen** (z.B. LBauO, LImSchG) zu prüfen sind. Sind Spezialregelungen nicht vorhanden, ist auf die **allgemeinen Gesetze** zurückzugreifen (z.B. PolG, VwVfG).

c) Ist eine gesetzliche Vorschrift vorhanden, kann sie nur dann **Ermächtigungsgrundlage** sein, wenn sie **wirksam**, d.h. verfassungsgemäß ist.

Die Wesentlichkeitstheorie beantwortet nicht nur die Frage, ob eine gesetzliche Grundlage überhaupt erforderlich ist, sondern auch, in welchem Umfang der Gesetzgeber eine Materie selbst durch ein formelles Gesetz regeln muss (sog. Parlamentsvorbehalt). Die dem Parlamentsvorbehalt unterfallenden Fragen darf der Gesetzgeber nicht auf Verordnungs- oder Satzungsgeber übertragen (vgl. OVG NRW RÜ 2016, 530, 531 f.).

d) Damit eine Vorschrift als Ermächtigungsgrundlage für einen (belastenden) VA in Betracht kommt, muss sie **zwei Voraussetzungen** erfüllen:

- Sie muss die **materiellen Voraussetzungen** für das Verwaltungshandeln (den **Tatbestand** regeln) und
- sie muss als **Rechtsfolge** die Befugnis zum Erlass eines VA vorsehen (sog. **VA-Befugnis**).

In weiten Teil des Verwaltungsrechts ist die VA-Befugnis **gewohnheitsrechtlich** anerkannt (insbes. im Polizei- und Ordnungsrecht).

Soweit Vorschriften nur Verhaltensregeln (Gebote und Verbote) enthalten (z.B. § 32 StVO), ist für die VA-Befugnis auf die ordnungsrechtliche Generalklausel zurückzugreifen (sog. unselbstständige Verfügung), vgl. BVerwG RÜ 2015, 123, 124 f.

Eine konkludente VA-Befugnis besteht z.B. im Verwaltungsvollstreckungsrecht, wenn ein Kostenerstattungsanspruch „beigetrieben" werden kann. Denn die Beitreibung setzt den Erlass eines Leistungsbescheids voraus.

Nach h.Rspr. darf die Behörde in einem **Über-/Unterordnungsverhältnis** gewohnheitsrechtlich auch ohne besondere Ermächtigung Regelungen durch VA treffen. Der VA ist die typische Handlungsform der Verwaltung, um öffentlich-rechtliche Pflichten zu konkretisieren. Nach der Gegenmeinung gilt dies nur dann, wenn im Gesetz die Handlungsform des VA (ausdrücklich oder konkludent) vorgesehen ist. Denn der VA zwinge den Bürger zur Gegenwehr, um die Bestandskraft des VA zu verhindern. Werde der Bescheid unanfechtbar, könne er im Wege der Verwaltungsvollstreckung durchgesetzt werden, auch wenn er rechtswidrig ist. Wegen der **Titel- und Vollstreckungsfunktion** des VA bedürfe das Vorgehen durch VA im Hinblick auf Art. 20 Abs. 3 GG stets einer besonderen gesetzlichen Ermächtigung.

Weiteres Beispiel: Wird eine Leistung aufgrund eines VA gewährt, so kann die Leistung (wenn sie ohne Rechtsgrund erfolgt ist) auch durch VA zurückgefordert werden (sog. **Kehrseitentheorie**, vgl. auch § 49a Abs. 1 S. 2 VwVfG).

e) Ist eine wirksame und ausreichende **Ermächtigungsgrundlage** nicht vorhanden, so führt dies grds. zur Rechtswidrigkeit des VA. Nur wenn ausnahmsweise das Fehlen einer gesetzlichen Grundlage im Interesse der Funktionsfähigkeit der Verwaltung für eine Übergangszeit hingenommen werden muss (sog. Chaosgedanke), kann der VA gleichwohl rechtmäßig sein.

2. Formelle Rechtmäßigkeit

Formell rechtmäßig ist ein VA, wenn er

- von der **zuständigen Behörde**
- in einem **ordnungsgemäßen Verfahren**
- **formgerecht** erlassen worden ist.

a) Zuständigkeit der Behörde

Zur Zuständigkeit der Behörde gehört die Prüfung der sachlichen, instanziellen und örtlichen Zuständigkeit.

aa) Die Zuständigkeit knüpft in erster Linie an einen bestimmten **Aufgabenbereich** an (sog. **sachliche Zuständigkeit**). Dabei ist nach Verbandskompetenz und Organkompetenz zu unterscheiden:

Als juristische Personen sind Verwaltungsträger nicht handlungsfähig. Für sie handeln ihre Organe. Die Organe, die Verwaltungsaufgaben gegenüber dem Bürger wahrnehmen, nennt man **Behörden**.

(1) Da jedes behördliche Handeln einer juristischen Person des öffentlichen Rechts zugerechnet werden muss, ist zunächst festzustellen, welcher Verwaltungsträger die Aufgabe wahrzunehmen hat (sog. **Verbandskompetenz**).

Die Verbandskompetenz kann beim Bund, Land, bei den Gemeinden, Landkreisen und sonstigen Körperschaften, Stiftungen oder Anstalten des öffentlichen Rechts liegen.

(2) Ein Verwaltungsträger kann mehrere **Behörden** haben. Es muss deshalb bestimmt werden, welche Behörde die sachlich umschriebene Aufgabe konkret wahrzunehmen hat (sog. **Organkompetenz**).

Der Erlass von VAen der Gemeinde erfolgt i.d.R. durch den Bürgermeister (Gemeindeverwaltung, Magistrat). Der Gemeinderat ist lediglich für die interne Willensbildung zu-

Rechtsschutz vor dem Gerichtshof der Europäischen Union (Art. 19 EUV)

Gerichtshof, Art. 251–255 AEUV | **Gericht,** Art. 256 AEUV | **Fachgerichte,** Art. 257 AEUV

Vertragsverletzungsverfahren, Art. 258, 259 AEUV

A. Zulässigkeit

I. Zuständigkeit

II. Parteifähigkeit

1. Aktiv
   a) Kommission (Art. 258 II AEUV)
   b) Mitgliedstaat (Art. 259 I AEUV)
2. Passiv (Art. 258 I, 259 I AEUV): Mitgliedstaat

III. Vorverfahren (Art. 258, 259 AEUV)

1. Erstes Mahnschreiben
2. Begründete Stellungnahme mit Fristsetzung
3. Fruchtloser Fristablauf

IV. Klagegegenstand

Art. 258 I, 259 I AEUV: Verstoß gegen Unionsrecht; Identität mit Vorverfahren erforderlich

V. Rechtsschutzinteresse

VI. keine Frist

B. Begründetheit/Folgen

Feststellung der Verletzung des Unionsrechts;
Folge: Beseitigungspflicht; ggf. Vollstreckung gem. Art. 260 II AEUV

Nichtigkeitsklage Art. 263, 264 AEUV

A. Zulässigkeit

I. Zuständigkeit

II. Parteifähigkeit

1. Aktiv: Art. 263 II-IV AEUV
2. Passiv: Art. 263 I AEUV

III. Klagegegenstand
Art. 263 I AEUV: EU-Rechtsakte

IV. Klagebefugnis

1. Klageberechtigte nach Art. 263 II AEUV privilegiert
2. Klageberechtigte nach Art. 263 III AEUV: Verletzung eigener Rechte
3. Klageberechtigte nach Art. 263 IV AEUV (natürl. u. jurist. Person)
   a) als Adressat
   b) wie Adressat unmittelbar und individuell betroffen
   c) bei Rechtsakten mit VO-Charakter unmittelbar betroffen

V. Klagegründe (Art. 263 II AEUV)

VI. Klagefrist (Art. 263 VI AEUV)

B. Begründetheit/Folgen

Nichtigkeitserklärung des EU-Aktes bei Vorliegen eines Klagegrundes (Art. 264 AEUV)

Untätigkeitsklage, Art. 265 AEUV

A. Zulässigkeit

I. Zuständigkeit

II. Parteifähigkeit

1. Aktiv: Art. 265 I u. III AEUV
2. Passiv: Art. 265 I AEUV

III. Vorverfahren, Art. 265 II AEUV

1. Aufforderungsschreiben
2. Keine Stellungnahme des Organs

IV. Klagegegenstand

1. Organuntätigkeit (Art. 265 I AEUV)
2. Unterlassen eines rechtsverbindlichen Aktes (Art. 265 III AEUV)

V. Klagebefugnis

1. Klageberechtigte nach Art. 265 I AEUV privilegiert klagebefugt
2. Klageberechtigte nach Art. 265 III AEUV (natürl. u. jurist. Person): Betroffenheit

VI. Klagefrist (Art. 265 II 2 AEUV)

B. Begründetheit/Folgen

Feststellung, dass Unterlassung Vertragsverletzung (Art. 265 I AEUV);
Folge: Pflicht, Maßnahmen zu ergreifen (Art. 266 I AEUV)

Vorabentscheidungsverfahren, Art. 267 AEUV

A. Zulässigkeit

I. Zuständigkeit

II. Vorlageberechtigung

Art. 267 II AEUV: Gericht eines Mitgliedstaates

III. Vorlagegegenstand

1. Auslegung des primären und sekundären EU-Rechts (Art. 267 I lit. a u. b AEUV)
2. Gültigkeit/Auslegung der Handlungen der Organe, Einrichtungen etc. (Art. 267 I lit. b AEUV)

IV. Vorlageverfahren (Art. 267 II AEUV)

1. Entscheidungserheblichkeit
2. Formulierung einer Vorlagefrage
3. Vorlagepflicht im Falle des Art. 267 III AEUV

B. Vorlageentscheidung

I. Auslegungsfrage

Folge: Bindung für das Ausgangsverfahren, faktisch für alle nationalen Gerichte

II. Gültigkeitsfrage

Folge: faktische inter-omnes-Wirkung

Weitere Verfahrensarten: Art. 268 AEUV (Schadensersatzklagen) Art. 270 AEUV (dienstrechtliche Streitigkeiten), Art. 272, 273 AEUV (Entscheidungen bei Schiedsklauseln und Schiedsverträgen). Die Möglichkeit des Erlasses einer einstweiligen Anordnung ergibt sich aus Art. 279 AEUV.

Die verwaltungsgerichtlichen Klagen

A. Zulässigkeit der Klage

I. Eröffnung des Verwaltungsrechtsweges

1. (Aufdrängende) **Spezialzuweisung** zum Verwaltungsgericht (z.B. § 54 Abs. 1 BeamtStG, § 126 Abs. 1 BBG, § 6 Abs. 1 UIG, § 54 BAföG u.a.)
2. **Generalklausel** des § 40 Abs. 1 S. 1 VwGO

a) Öffentlich-rechtliche Streitigkeit

- eindeutig hoheitliche Maßnahme
- streitentscheidende Norm öffentlich-rechtlich
- Abwehranspruch: Rechtsnatur des abzuwehrenden Verwaltungshandelns
- Leistungsanspruch: Rechtsnatur der möglichen Anspruchsgrundlage
- Zwei-Stufen-Theorie; „ob" = öffentlich-rechtlich; „wie" = privatrechtlich

b) nichtverfassungsrechtlicher Art

doppelte Verfassungsunmittelbarkeit:

- formell: Verfassungsorgane oder sonstige unmittelbar am Verfassungsleben Beteiligte (z.B. Parteien)
- materiell: Hauptfrage Anwendung und/oder Auslegung von Staatsverfassungsrecht

c) keine (abdrängende) Zuweisung an andere Gerichte

aa) Besondere Verwaltungsgerichte
- § 33 FGO: Finanzgerichtsbarkeit
- § 51 SGG: Sozialgerichtsbarkeit
- Berufsgerichte für Rechtsanwälte, Ärzte, Steuerberater etc.

bb) Ordentliche Gerichte
- Staatshaftung (Art. 14 Abs. 3 S. 4 GG, Art. 34 S. 3 GG, § 40 Abs. 2 S. 1 VwGO)
- §§ 23 ff. EGGVG: JustizVA
- §§ 217 ff. BauGB: Baulandsachen
- § 68 OWiG: Bußgeldbescheide

II. Statthafte Klageart

Anfechtungsklage (§ 42 Abs. 1 Fall 1 VwGO)
- Aufhebung eines Verwaltungsakts

Verpflichtungsklage (§ 42 Abs. 1 Fall 2 VwGO)
- Erlass eines Verwaltungsakts

Fortsetzungsfeststellungsklage (§ 113 Abs. 1 S. 4 VwGO)
- Feststellung der Rechtswidrigkeit eines erledigten Verwaltungsakts (str. bei vorprozessualer Erledigung)

Allgemeine Leistungsklage
- Leistung, die nicht Erlass oder Aufhebung eines Verwaltungsakts ist (Handeln, Dulden, Unterlassen), insbesondere schlichtes Verwaltungshandeln

Feststellungsklage (§ 43 VwGO)
- Feststellung
  - (Nicht-)Bestehen eines Rechtsverhältnisses
  - Nichtigkeit eines VA
- Subsidiarität (§ 43 Abs. 2 VwGO)

Normenkontrolle (§ 47 VwGO)
- Feststellung der Nichtigkeit bestimmter untergesetzlicher Rechtsnormen
  - Nr. 1: Satzungen nach BauGB
  - Nr. 2: untergesetzliches LRecht

III. Besondere Sachurteilsvoraussetzungen (klageartabhängig)

Anfechtungsklage
- Klagebefugnis (§ 42 Abs. 2 VwGO)
- Vorverfahren (§ 68 Abs. 1 VwGO)
- Klagefrist (§§ 74 Abs. 1, 58 Abs. 2 VwGO)
- Klagegegner (§ 78 VwGO)

Verpflichtungsklage
- Klagebefugnis (§ 42 Abs. 2 VwGO)
- Vorverfahren (§ 68 Abs. 2 VwGO)
- Klagefrist (§§ 74 Abs. 2, 58 Abs. 2 VwGO)
- Klagegegner (§ 78 VwGO)

Fortsetzungsfeststellungsklage
- Klagebefugnis (§ 42 Abs. 2 VwGO analog)
- Vorverfahren und Frist: (–) bei Erledigung vor Bestandskraft
- Klagegegner (§ 78 VwGO analog)
- besonderes Feststellungsinteresse

Allgemeine Leistungsklage
- Klagebefugnis (§ 42 Abs. 2 VwGO analog); str.

Feststellungsklage
- Klagebefugnis (§ 42 Abs. 2 VwGO analog); str.
- Feststellungsinteresse

Normenkontrolle
- Antragsbefugnis (§ 47 Abs. 2 S. 1 VwGO)
- Antragsfrist (§ 47 Abs. 2 S. 1 VwGO)
- Antragsgegner (§ 47 Abs. 2 S. 2 VwGO)

IV. Allgemeine Sachurteilsvoraussetzungen (klageartunabhängig)

- Deutsche Gerichtsbarkeit (§§ 18 ff. GVG)
- sachliche, instanzielle, örtliche Gerichtszuständigkeit (§§ 45 ff. VwGO)
- ordnungsgemäße Klageerhebung (§§ 81, 82 VwGO)
- Beteiligten-, Prozess-, Postulationsfähigkeit (§§ 61 ff. VwGO)
- allgemeines Rechtsschutzbedürfnis
- anderweitige Rechtshängigkeit (§ 17 Abs. 1 S. 2 GVG) oder Rechtskraft (§ 121 VwGO)

B. Begründetheit des Klage

Anfechtungsklage (§ 113 Abs. 1 S. 1 VwGO)
- VA rechtswidrig
- Rechtsverletzung

Verpflichtungsklage (§ 113 Abs. 5 S. 1 VwGO)
- Ablehnung/Unterlassung rw
- Rechtsverletzung
- Spruchreife ⇨ Anspruch

Fortsetzungsfeststellungsklage (§ 113 Abs. 1 S. 4 VwGO)
- erledigter VA rw
- Rechtsverletzung

Allgemeine Leistungsklage
- Anspruch auf Handlung, Duldung oder Unterlassung

Feststellungsklage
- Rechtsverhältnis besteht oder besteht nicht
- VA nichtig

Normenkontrolle
- Norm unwirksam

Vorläufiger Rechtsschutz im Verwaltungsprozess

Aussetzungsverfahren, § 80 Abs. 5 VwGO

A. Zulässigkeit

I. Verwaltungsrechtsweg
- **Aufdrängende Spezialzuweisung** zum Verwaltungsgericht (z.B. § 54 Abs. 1 BeamtStG)
- **Generalklausel** des § 40 Abs. 1 S. 1 VwGO

II. Statthaftigkeit

1. Anordnung/Wiederherstellung der aufschiebenden Wirkung gemäß § 80 Abs. 5 S. 1 VwGO
- a) Suspendierung eines (belastenden) VA = i.d.R. Anfechtungsklage in der Hauptsache
- b) Rechtsbehelf erhoben (Widerspruch oder Anfechtungsklage)
- c) keine aufschiebende Wirkung gemäß § 80 Abs. 2 VwGO

2. Feststellung der aufschiebenden Wirkung bei faktischem Vollzug analog § 80 Abs. 5 S. 1 VwGO

3. Aufhebung der Vollziehung (§ 80 Abs. 5 S. 3 VwGO) als Annexantrag

III. Antragsbefugnis analog § 42 Abs. 2 VwGO

IV. Allgemeines Rechtsschutzbedürfnis
- Rechtsbehelf in der Hauptsache nicht offensichtlich unzulässig
- vorheriger Aussetzungsantrag bei der Behörde (§ 80 Abs. 4 VwGO) nur im Rahmen des § 80 Abs. 6 i.V.m. Abs. 2 S. 1 Nr. 1 VwGO

V. i.d.R. keine Frist (Ausnahmen in Spezialgesetzen)

VI. Antragsgegner analog § 78 VwGO

B. Begründetheit

gesetzlicher Ausschluss (§ 80 Abs. 2 S. 1 Nr. 1–3 und S. 2 VwGO)	**Anordnung der sofortigen Vollziehung** (§ 80 Abs. 2 S. 1 Nr. 4 VwGO)
▪ **Interessenabwägung** – ernstliche Zweifel an Rechtmäßigkeit des Verwaltungsakts – unbillige Härte (§ 80 Abs. 4 S. 3 VwGO analog) – im Übrigen gesetzliche Wertung: Vorrang des Vollzugsinteresses	▪ **formell** ordnungsgemäße Vollziehungsanordnung – Zuständigkeit – Verfahren – Form (§ 80 Abs. 3 VwGO) ▪ **Interessenabwägung** – Aussetzungsinteresse überwiegt bei Rechtswidrigkeit des Verwaltungsakts – Vollzugsinteresse überwiegt bei Rechtmäßigkeit des Verwaltungsakts **und** besonderem öffentlichen Interesse (str.)

VA mit Doppelwirkung, § 80a Abs. 3 VwGO

A. Zulässigkeit

I. Verwaltungsrechtsweg
- **Aufdrängende Spezialzuweisung** zum Verwaltungsgericht (z.B. § 6 Abs. 1 UIG)
- **Generalklausel** des § 40 Abs. 1 S. 1 VwGO

II. Statthaftigkeit

1. Anordnung der sofortigen Vollziehung
- auf Antrag des Adressaten (§ 80a Abs. 3 i.V.m. Abs. 1 Nr. 1 VwGO)
- auf Antrag des Dritten (§ 80a Abs. 3 i.V.m. Abs. 2 VwGO)

2. Aussetzung der Vollziehung
- auf Antrag des Dritten (§ 80a Abs. 3 i.V.m. Abs. 1 Nr. 2 Hs. 1 i.V.m. § 80 Abs. 5 VwGO)
- auf Antrag des Adressaten (§ 80 Abs. 5 S. 1 VwGO, in § 80a VwGO nicht geregelt)

3. Sicherungsmaßnahmen
- auf Antrag des Dritten (§ 80a Abs. 3 i.V.m. Abs. 1 Nr. 2 Hs. 2 VwGO)
- auf Antrag des Adressaten (§ 80 Abs. 5 S. 3 VwGO, in § 80a VwGO nicht geregelt)

III. Antragsbefugnis analog § 42 Abs. 2 VwGO

IV. Allgemeines Rechtsschutzbedürfnis
- Rechtsbehelf in der Hauptsache nicht offensichtlich unzulässig
- str., ob zuvor gemäß § 80a Abs. 3 S. 2 i.V.m. § 80 Abs. 6 VwGO Antrag bei der Behörde nach § 80a Abs. 1 oder Abs. 2 VwGO

V. keine Frist

VI. Antragsgegner analog § 78 VwGO

B. Begründetheit

Anordnung der sofortigen Vollziehung	**Aussetzung der Vollziehung**	**Sicherungsmaßnahmen**
▪ Interessenabwägung nach Erfolgsaussichten in der Hauptsache – Vollzugsinteresse überwiegt bei rechtmäßigem Verwaltungsakt – Aussetzungsinteresse überwiegt bei Verstoß gegen drittschützende Vorschriften		▪ bei (drohender) Missachtung der aufschiebenden Wirkung ▪ keine Interessenabwägung

Anordnungsverfahren, § 123 Abs. 1 VwGO

A. Zulässigkeit

I. Verwaltungsrechtsweg
- **Aufdrängende Spezialzuweisung** zum Verwaltungsgericht (z.B. § 54 Abs. 1 BeamtStG)
- **Generalklausel** des § 40 Abs. 1 S. 1 VwGO

II. Statthaftigkeit: kein Fall der §§ 80, 80a VwGO (§ 123 Abs. 5 VwGO) = Verpflichtungs-, Leistungs- o. Feststellungsklage in der Hauptsache

III. Antragsbefugnis analog § 42 Abs. 2 VwGO

IV. Allgemeines Rechtsschutzbedürfnis
- vorheriger Antrag an zuständige Behörde
- Hauptsacheverfahren nicht offensichtlich unzulässig
- kein einfacherer und schnellerer Weg

V. keine Frist

VI. Antragsgegner
- in Verpflichtungssituationen § 78 VwGO analog
- im Übrigen: Rechtsträger

B. Begründetheit

Sicherungsanordnung (§ 123 Abs. 1 S. 1 VwGO)	**Regelungsanordnung (§ 123 Abs. 1 S. 2 VwGO)**
Sicherung des status quo	Veränderung des status quo

I. Anordnungsanspruch
- **Recht des Antragstellers**
- **streitiges Rechtsverhältnis**

= Erfolgsaussichten des in der Hauptsache verfolgten Anspruchs

II. Anordnungsgrund
- **Rechtsvereitelung/-erschwerung**
- **Regelung zur Nachteilsabwendung „nötig“**

= allgemeine Interessenabwägung

III. Glaubhaftmachung
(§ 123 Abs. 3 VwGO, §§ 920 Abs. 2, 294 ZPO)

IV. Gerichtliche Entscheidung

1. Erlass der einstweiligen Anordnung
- h.M.: Rechtsentscheidung, da Interessenabwägung bereits beim Anordnungsgrund erfolgt
- a.A.: Ermessen auch bzgl. „ob“ (vgl. „kann“)

2. Inhalt der einstweiligen Anordnung
- Anordnung nach freiem Ermessen des Gerichts (§ 123 Abs. 3 VwGO i.V.m. § 938 Abs. 1 ZPO)
- nicht mehr als in der Hauptsache (str. bei Bescheidungsansprüchen)
- aber grundsätzlich keine Vorwegnahme der Hauptsache (Ausnahme bei Rechtsvereitelung)

Rechtsschutz im Verfassungsrecht – Die Verfahren vor dem BVerfG

Organstreit

A. Zulässigkeit
- **I. Zuständigkeit** des BVerfG (Art. 93 Abs. 1 Nr. 1 GG, § 13 Nr. 5 BVerfGG)
- **II. Beteiligtenfähigkeit:** oberste Bundesorgane und andere Beteiligte (Art. 93 Abs. 1 Nr. 1 GG, § 63 BVerfGG)
- **III. Antragsgegenstand:** jede rechtserhebliche Maßnahme oder Unterlassung des Antragsgegners
- **IV. Antragsbefugnis** (§ 64 Abs. 1 BVerfGG): Geltendmachung einer Verletzung von grundgesetzlichen Rechten oder Pflichten
- **V. Form** (§§ 23 Abs. 1, 64 Abs. 2 BVerfGG): schriftlich mit Begründung
- **VI. Antragsfrist** (§ 64 Abs. 3 BVerfGG): sechs Monate nach Bekanntgabe

B. Begründetheit (§ 67 BVerfGG)
Verfassungswidrigkeit der Maßnahme und Rechtsverletzung (str.)

Bund-Länder-Streit

A. Zulässigkeit
- **I. Zuständigkeit** des BVerfG (Art. 93 Abs. 1 Nr. 3 GG, § 13 Nr. 7 BVerfGG)
- **II. Beteiligtenfähigkeit** (§ 68 BVerfGG): Bundesregierung und Landesregierung
- **III. Antragsgegenstand:** jede rechtserhebliche Maßnahme oder Unterlassung des Antragsgegners
- **IV. Antragsbefugnis** (§§ 69, 64 Abs. 1 BVerfGG): Geltendmachung einer Verletzung von grundgesetzlichen Rechten oder Pflichten
- **V. Form** (§§ 23 Abs. 1, 69, 64 Abs. 2 BVerfGG): schriftlich mit Begründung
- **VI. Antragsfrist** (§§ 69, 64 Abs. 3 BVerfGG): sechs Monate nach Bekanntgabe

B. Begründetheit (§§ 69, 67 BVerfGG)
Verfassungswidrigkeit der Maßnahme und Rechtsverletzung (str.)

Abstrakte Normenkontrolle

A. Zulässigkeit
- **I. Zuständigkeit** des BVerfG (Art. 93 Abs. 1 Nr. 2 GG, § 13 Nr. 6 BVerfGG)
- **II. Beteiligtenfähigkeit** (§ 76 Abs. 1 BVerfGG): Bundesregierung, Landesregierung, 1/4 Bundestag
- **III. Antragsgegenstand:** Bundesrecht oder Landesrecht
- **IV. Antragsbefugnis:** Meinungsverschiedenheiten oder Zweifel, konkretisiert durch § 76 Abs. 1 BVerfGG
- **V. Form** (§ 23 Abs. 1 BVerfGG): schriftlich mit Begründung
- **VI. Keine Frist**

B. Begründetheit (§ 78 BVerfGG):
Verstoß gegen höherrangiges Bundesrecht
- Nichtigerklärung
- Feststellung der Unvereinbarkeit mit GG

Konkrete Normenkontrolle

A. Zulässigkeit
- **I. Zuständigkeit** des BVerfG (Art. 100 Abs. 1 GG, § 13 Nr. 11 BVerfGG)
- **II. Vorlageberechtigung:** jedes Gericht
- **III. Vorlagegegenstand:** formelle nachkonstitutionelle Gesetze
- **IV. Vorlagevoraussetzungen:**
  - Überzeugung von Verfassungswidrigkeit
  - Entscheidungserheblichkeit
- **V. Form** (§ 80 Abs. 2 BVerfGG): schlüssige Darlegung der Vorlagevoraussetzungen
- **VI. Keine Frist**

B. Begründetheit (§§ 82 Abs. 1, 78 BVerfGG):
Verstoß gegen höherrangiges Bundesrecht
- Nichtigerklärung
- Feststellung der Unvereinbarkeit mit GG

Individual-Verfassungsbeschwerde

A. Zulässigkeit
- **I. Zuständigkeit** des BVerfG (Art. 93 Abs. 1 Nr. 4a GG, § 13 Nr. 8a BVerfGG)
- **II. Beteiligtenfähigkeit** (§ 90 Abs. 1 BVerfGG): jedermann = jeder Grundrechtsträger
- **III. Beschwerdegegenstand:** jeder Hoheitsakt (insbesondere Urteil, Gesetz)
- **IV. Beschwerdebefugnis**
  1. Möglichkeit der Verletzung eines Grundrechts oder grundrechtsgleichen Rechts
  2. selbst, gegenwärtig und unmittelbar betroffen
- **V. Rechtswegerschöpfung** (§ 90 Abs. 2 BVerfGG) und **Subsidiarität**
- **VI. Form** (§§ 23 Abs. 1, 92 BVerfGG)
- **VII. Beschwerdefrist**
  1. Urteils-VB: ein Monat (§ 93 Abs. 1 BVerfGG)
  2. Rechtssatz-VB: ein Jahr (§ 93 Abs. 3 BVerfGG)

B. Begründetheit
(verfassungsspezifischer) Verstoß gegen Grundrechte oder grundrechtsgleiche Rechte

Kommunal-Verfassungsbeschwerde

A. Zulässigkeit
- **I. Zuständigkeit** des BVerfG (Art. 93 Abs. 1 Nr. 4b GG, § 13 Nr. 8a BVerfGG)
- **II. Beteiligtenfähigkeit** (§ 91 BVerfGG): Gemeinden und Gemeindeverbände
- **III. Beschwerdegegenstand:** Gesetz = alle Rechtsnormen mit Außenwirkung (keine Urteils-VB)
- **IV. Beschwerdebefugnis**
  1. Möglichkeit der Verletzung des Selbstverwaltungsrechts (Art. 28 Abs. 2 GG)
  2. selbst, gegenwärtig und unmittelbar
- **V. Rechtswegerschöpfung** (§ 90 Abs. 2 BVerfGG) und **Subsidiarität** (str.)
- **VI. Form** (§§ 23 Abs. 1, 92 BVerfGG)
- **VII. Beschwerdefrist:** ein Jahr (§ 93 Abs. 3 BVerfGG)

B. Begründetheit
Verstoß gegen die Selbstverwaltungsgarantie (Art. 28 Abs. 2 GG)

Sonstige Verfahren

Art. 93 Abs. 1 Nr. 4c GG:
Nichtanerkennung als Partei bei BT-Wahl

Art. 93 Abs. 1 Nr. 5 GG i.V.m. Grundgesetz:
- Verwirkung von Grundrechten (Art. 18 S. 2 GG)
- Parteiverbot, Finanzierungsausschluss (Art. 21 Abs. 4 GG)
- Wahlprüfungsbeschwerde (Art. 41 Abs. 2 GG)
- Präsidentenanklage (Art. 61 GG)
- Richteranklage (Art. 98 Abs. 2 u. 5 GG)
- Feststellung von Völkerrecht als Bundesrecht (Art. 100 Abs. 2 GG)
- Divergenzvorlage (Art. 100 Abs. 3 GG)
- Fortgeltung alten Rechts (Art. 126 GG)

Art. 93 Abs. 3 GG i.V.m. Bundesgesetz:
- Wahlprüfungsbeschwerde bei der Europawahl (§ 26 Abs. 3 EuropaWahlG)
- Verbot von Ersatzorganisationen (§ 33 Abs. 2 ParteiG)
- Vorlageverfahren bei UA des Bundestages (§ 36 Abs. 2 PUAG) u.a.

Einstweilige Anordnung

A. Zulässigkeit
- **I. Zuständigkeit** des BVerfG (§ 32 BVerfGG) in allen Hauptsacheverfahren
- **II. Beteiligtenfähigkeit** im Hauptsacheverfahren
- **III. Antragsbefugnis:** wie im Hauptsacheverfahren
- **IV. Keine Vorwegnahme der Hauptsache**
- **V. Rechtsschutzbedürfnis:** Dringlichkeit
- **VI. Form** (§ 23 Abs. 1 BVerfGG): schriftlich mit Begründung

B. Begründetheit (§ 32 BVerfGG)
- Folgenabwägung (Doppelhypothese)
  - Nachteile, die eintreten würden, wenn e.A. nicht erginge, Hauptsache aber Erfolg hat,
  - Folgen, die entstünden, wenn e.A. ergeht, Hauptsache aber erfolglos bleibt
- unabhängig von Erfolgsaussichten in der Hauptsache
- Ausnahme: Hauptsache offensichtlich unzulässig oder offensichtlich unbegründet

ständig. Bei Straßenumbenennungen trifft dagegen der Rat bereits die Regelung mit Außenwirkung, sodass er das zuständige Organ ist (vgl. VG Köln RÜ 2016, 656, 657).

bb) Hat der Verwaltungsträger Behörden auf verschiedenen Ebenen, so ist die sog. **instanzielle Zuständigkeit** festzulegen. In der Regel ist die Zuständigkeit der jeweils unteren Instanz zugewiesen. Die vorgesetzte Behörde darf nur ausnahmsweise bei einem sog. **Selbsteintrittsrecht** tätig werden.

cc) Die **örtliche Zuständigkeit** muss festgelegt werden, wenn es mehrere gleichartige Behörden mit räumlich begrenztem Zuständigkeitsbereich gibt. Fehlen Spezialregelungen, gilt § 3 VwVfG.

b) Die wesentlichen **Verfahrensregeln** finden sich in §§ 20 ff. VwVfG.

aa) Praktische Bedeutung hat vor allem die **Anhörung** nach § 28 Abs. 1 VwVfG: Bevor ein VA erlassen wird, der in Rechte eines Beteiligten (§ 13 VwVfG) eingreift, ist diesem Gelegenheit zu geben, sich zu den für die Entscheidung erheblichen Tatsachen zu äußern.

Unproblematisch ist dies bei belastenden VAen. Bei der Ablehnung eines begünstigenden VA ist nach h.Rspr. keine gesonderte Anhörung erforderlich, da durch die Ablehnung nicht in bestehende Rechte eingegriffen, sondern lediglich ein Mehr an Rechten verweigert wird. Ein Teil der Lit. hält dagegen auch in diesen Fällen die Anhörung für erforderlich, da das Unterbleiben einer Begünstigung für den Bürger ebenso schwerwiegend sein kann wie ein Eingriff.

bb) Unter den Voraussetzungen des § 28 Abs. 2 VwVfG kann von der **Anhörung abgesehen** werden, insbesondere bei Gefahr im Verzug, bei Allgemeinverfügungen und bei Maßnahmen in der Verwaltungsvollstreckung. Anders als im Fall des § 28 Abs. 3 VwVfG („unterbleibt") steht der Verzicht auf die Anhörung nach § 28 Abs. 2 VwVfG im **Ermessen** der Behörde (vgl. „kann"), d.h. die Behörde muss hierüber unter Abwägung aller Umstände eine ermessensfehlerfreie Entscheidung treffen. Übt die Behörde dieses Ermessen nicht aus, ist die Anhörung trotz Vorliegens der Voraussetzungen des § 28 Abs. 2 VwVfG nicht entbehrlich und der gleichwohl ergangene VA grds. rechtswidrig.

Umstritten ist, ob die Behörde darüber hinaus verpflichtet ist, die Entscheidung über den Verzicht auf die Anhörung besonders zu begründen. Da es sich bei der Entscheidung, von der Anhörung abzusehen, nicht um einen VA, sondern um eine bloße verfahrensbegleitende Entscheidung handelt, unterliegt sie nicht unmittelbar dem Begründungszwang nach § 39 VwVfG. Gleichwohl wird überwiegend angenommen, die Behörde sei im Hinblick auf Art. 19 Abs. 4 GG (Effektivität des Rechtsschutzes) gehalten, die Gründe für die Entscheidung analog § 39 VwVfG offenzulegen.

c) Eine bestimmte **Form** ist für den VA i.d.R. nicht vorgeschrieben. Ein VA kann daher grundsätzlich schriftlich, elektronisch, mündlich oder in anderer Weise (auch konkludent) erlassen werden, § 37 Abs. 2 VwVfG. Jedoch gibt es in Spezialvorschriften zahlreiche Formerfordernisse.

Das Erfordernis einer Rechtsbehelfsbelehrung (§ 37 Abs. 6 VwVfG) gehört nicht zur Form in diesem Sinne. Ihr Fehlen oder ihre Unrichtigkeit führt nicht zur Rechtswidrigkeit des VA, sondern nur dazu, dass die Monatsfrist für den Rechtsbehelf nach §§ 70, 74 VwGO nicht zu laufen beginnt. Stattdessen gilt die Jahresfrist des § 58 Abs. 2 VwGO.

Beispiele: Erteilung der Fahrerlaubnis durch Führerschein (§ 4 Abs. 2 FeV), Ernennung zum Beamten nur durch Aushändigung einer Urkunde (§ 8 Abs. 2 BeamtStG), Schriftform bei ausländerrechtlichen Maßnahmen (§ 77 AufenthG).

aa) Eine durch Rechtsvorschrift angeordnete Schriftform kann, soweit nicht etwas anderes bestimmt ist, durch die elektronische Form ersetzt werden (sog. **elektronischer VA**, § 3a Abs. 2 VwVfG). In diesem Fall ist das elektronische Dokument mit einer qualifizierten elektronischen Signatur zu versehen oder in einem besonders gesicherten Verfahren zu übermitteln (§ 3a Abs. 2 S. 2 u. S. 4 VwVfG).

Nach § 3 a Abs. 1 VwVfG ist die Übermittlung elektronischer VAe nur zulässig, soweit der Empfänger hierfür einen Zugang eröffnet hat. Beim Bürger reicht dafür, anders als z.B. bei Rechtsanwälten, die Angabe der E-Mail-Adresse allein nicht aus. Für die elektronische Bekanntgabe gilt § 41 Abs. 2 S. 2 VwVfG, für die Bekanntgabe durch Datenabruf von einer Online-Plattform § 41 Abs. 2 a VwVfG.

Für die formelle Rechtmäßigkeit ist nicht maßgeblich, ob die **Begründung** zutreffend ist, sondern allein, dass diejenigen Tatsachen und rechtlichen Erwägungen angegeben werden, die nach Ansicht der Behörde den VA rechtfertigen. Erforderlich ist also nur irgendeine Begründung, nicht unbedingt die richtige. Ob die Begründung den VA sachlich rechtfertigt, ist vielmehr eine Frage der **materiellen Rechtmäßigkeit**.

bb) Zur Form des VA im weiteren Sinne zählt auch das Erfordernis einer **Begründung** nach § 39 VwVfG. Nach § 39 Abs. 1 VwVfG ist ein **schriftlicher** oder schriftlich bestätigter VA grundsätzlich schriftlich zu begründen. Entsprechendes gilt für elektronische oder elektronisch bestätigte Verwaltungsakte. In den Fällen des § 39 Abs. 2 VwVfG ist die Begründung **entbehrlich**. Zum **Umfang** der Begründung bestimmt § 39 Abs. 1 S. 2 VwVfG, dass die für die Entscheidung der Behörde wesentlichen tatsächlichen und rechtlichen Gründe mitzuteilen sind. Die Begründung von Ermessensentscheidungen soll außerdem die Gesichtspunkte erkennen lassen, von denen die Behörde bei der Ausübung ihres Ermessens ausgegangen ist (§ 39 Abs. 1 S. 3 VwVfG).

d) Bestimmte **Form- und Verfahrensfehler** können gemäß § 45 VwVfG geheilt werden, und zwar gemäß § 45 Abs. 2 VwVfG noch im gerichtlichen Verfahren.

Auch ihre **Ermessenserwägungen** kann die Behörde noch im gerichtlichen Verfahren ergänzen (§ 114 S. 2 VwGO).

So kann z.B. ein Verstoß gegen § 28 VwVfG durch Nachholen der Anhörung geheilt werden (§ 45 Abs. 2 Nr. 3 VwVfG). Dafür ist kein besonderes Verfahren erforderlich, sondern ausreichend ist z.B., dass der Betroffene im Widerspruchsverfahren Stellung nehmen kann und die Widerspruchsbehörde die Stellungnahme bei ihrer Entscheidung in ihren Erwägungen berücksichtigt. Nach h.Rspr. gilt dies auch bei Ermessensakten, während die Gegenansicht in diesem Fall eine Entscheidung der Ausgangsbehörde für erforderlich hält, da dem Betroffenen sonst eine Ermessensebene genommen würde.

e) Ist eine Heilung nach § 45 VwVfG nicht erfolgt oder nicht möglich, so ist die Verletzung von Vorschriften über das **Verfahren**, die **Form** oder die örtliche **Zuständigkeit** nach § 46 VwVfG **unbeachtlich**, wenn offensichtlich ist, dass die Verletzung die Entscheidung in der Sache nicht beeinflusst hat. Es muss also offensichtlich an der **Kausalität** des Fehlers für den Inhalt der Entscheidung fehlen. Dies gilt vor allem bei gebundenen Entscheidungen, bei Ermessensentscheidungen nur, wenn jede Möglichkeit ausgeschlossen ist, dass die Entscheidung bei Einhaltung der Vorschriften anders ausgefallen wäre.

3. Materielle Rechtmäßigkeit

Damit der VA materiell rechtmäßig ist, müssen

- die tatbestandlichen **Voraussetzungen der Ermächtigungsgrundlage** vorliegen,
- der VA muss an den **richtigen Adressaten** gerichtet sein,
- er muss den **allgemeinen Rechtmäßigkeitsvoraussetzungen** entsprechen
- und die Behörde muss eine **zulässige Rechtsfolge** gewählt haben.

a) Voraussetzungen der Ermächtigungsgrundlage

Die materiellen Voraussetzungen für die Rechtmäßigkeit des VA ergeben sich in erster Linie aus **Spezialgesetzen**. Konkretisiert werden die in der Regel abstrakt gehaltenen Voraussetzungen vor allem durch die Rspr.

Nach § 3 Abs. 1 StVG hat die Behörde die Fahrerlaubnis zu entziehen, wenn sich der Inhaber als ungeeignet oder nicht befähigt zum Führen von Kraftfahrzeugen erweist. **Ungeeignet** ist, wer nicht die notwendigen körperlichen und geistigen Anforderungen erfüllt oder erheblich oder wiederholt gegen verkehrsrechtliche Vorschriften oder Strafgesetze verstoßen hat (vgl. § 2 Abs. 4 StVG, § 46 Abs. 1 S. 2 FeV).

Eine Untersagungsverfügung nach § 35 Abs. 1 GewO verlangt Tatsachen, welche die **Unzuverlässigkeit** des Gewerbetreibenden dartun. Dies wird angenommen, wenn der Gewerbetreibende nach dem Gesamteindruck seines Verhaltens nicht die Gewähr dafür bietet, dass er sein Gewerbe künftig ordnungsgemäß betreiben wird.

Voraussetzung für eine Verfügung zur **Gefahrenabwehr** im Polizeirecht ist das Vorliegen einer Gefahr für die öffentliche Sicherheit. Schutzgüter der öffentlichen Sicherheit sind nach der Rspr. die geschriebene Rechtsordnung, die Individualrechtsgüter des Einzelnen sowie der Staat und die Funktionsfähigkeit seiner Einrichtungen.

b) Richtiger Adressat

An **welche Person** ein VA zu richten ist, ist teilweise bereits in der Ermächtigungsgrundlage festgelegt (vgl. z.B. § 35 GewO „Gewerbetreibender" oder § 20 BImSchG „Betreiber der Anlage"). Darüber hinaus finden sich spezielle Adressatenregelungen z.B. für bauordnungsrechtliche Verfügungen ggf. in der LBauO. Nach dem allgemeinen Polizei- und Ordnungsrecht kommen als Adressaten einer Verfügung der sog. Verhaltensstörer, der Zustandsstörer und ggf. der Nichtstörer (sog. Notstandspflichtiger) in Betracht.

c) Allgemeine Rechtmäßigkeitsvoraussetzungen

Neben den Voraussetzungen, die sich aus der Ermächtigungsgrundlage des VA ergeben, gibt es eine Reihe von Anforderungen, die grundsätzlich bei allen Verwaltungsakten zu beachten sind. Diese **allgemeinen Anforderungen** sind entweder spezialgesetzlich geregelt, finden sich im VwVfG oder gelten als allgemeine Grundsätze des Verwaltungsrechts:

- **Bestimmtheit** des VA,
- **Möglichkeit** der Maßnahme,
- **Verhältnismäßigkeit**.

aa) Nach § 37 Abs. 1 VwVfG muss ein Verwaltungsakt **hinreichend bestimmt** sein. Es muss erkennbar sei, **wer** (erlassende Behörde) **von wem** (Adressat) **was** (Inhalt) verlangt.

bb) Rechtswidrig ist der VA grundsätzlich auch dann, wenn er etwas rechtlich oder tatsächlich **Unmögliches** verlangt. Ist die Verwirklichung der geforderten Maßnahme wegen der Berechtigung eines **Dritten** rechtlich unmöglich, kann dieses Hindernis aber durch eine Duldungsverfügung ausgeräumt werden, so berührt das Fehlen der Duldungsverfügung nicht die Rechtmäßigkeit des Haupt-VA, sondern nur seine Durchsetzbarkeit.

Beispiel: Gegen Eigentümer E ergeht eine bauordnungsrechtliche Beseitigungsverfügung. Gegen Mieter M kann eine Duldungsverfügung ergehen, da er als Inhaber der tatsächlichen Gewalt ebenfalls ordnungspflichtig ist.

cc) Jede hoheitliche Maßnahme muss **verhältnismäßig** sein, d.h., sie muss zur Verfolgung eines legitimen Zwecks geeignet, erforderlich und angemessen sein.

- **Legitim** sind grundsätzlich alle Gemeinwohlbelange und jedes öffentliche Interesse, das verfassungsrechtlich nicht ausgeschlossen ist.
- Die Maßnahme ist **geeignet**, wenn mit ihrer Hilfe der gewünschte Erfolg zumindest gefördert werden kann (er muss also nicht unbedingt erreicht werden).
- **Erforderlich** ist die Maßnahme nur, wenn der Behörde zur Erreichung des Zwecks kein anderes gleich wirksames, aber weniger belastendes Mittel zur Verfügung steht.
- **Angemessen** ist die Maßnahme, wenn sie nicht zu Nachteilen führt, die erkennbar außer Verhältnis zum angestrebten Erfolg stehen.

Früher gingen Rspr. und Lit. überwiegend davon aus, dass der Grundsatz der Verhältnismäßigkeit bei der Prüfung von **gebundenen VAen** keine selbstständige Bedeutung hat. Bedenken könnten hier nur hinsichtlich der Wirksamkeit der Ermächtigungsgrundlage bestehen, die aus Gründen der Verhältnismäßigkeit ggf. verfassungskonform auszulegen sei. Die neuere Rspr. geht dagegen zunehmend davon aus, das auch bei gebundenen Entscheidungen ausnahmsweise zu prüfen ist, ob die vorgesehene Rechtsfolge dem Grundsatz der Verhältnismäßigkeit entspricht. Eine besondere Prüfung ist allerdings nur in atypischen Einzelfällen angezeigt (vgl. AS-Skript VerwR AT 1 [2019], Rn. 519 f.)

d) Liegen die Voraussetzungen für den VA vor, so ist auf der **Rechtsfolgenseite** danach zu unterscheiden, ob die Behörde zu einem bestimmten Verhalten verpflichtet ist oder ob ihr ein Ermessensspielraum zusteht.

- Muss die Verwaltung handeln, so ist die vom Gesetz vorgeschriebene Rechtsfolge zwingend zu treffen (sog. **gebundene Entscheidungen**).

  Die Behörde hat die Fahrerlaubnis zu entziehen, wenn der Inhaber ungeeignet zum Führen von Kraftfahrzeugen ist (§ 3 Abs. 1 StVG). Die Baugenehmigung ist zu erteilen, wenn dem Vorhaben öffentlich-rechtliche Vorschriften nicht entgegenstehen.

- Bei **Ermessensentscheidungen** (die Behörde „kann", „darf" u.Ä.) hat die Verwaltung dagegen einen Entscheidungsspielraum, ob sie überhaupt tätig wird (sog. **Entschließungsermessen**) und hinsichtlich der Auswahl des konkreten Mittels (sog. **Auswahlermessen**).

Gemäß § 40 VwVfG ist das Ermessen entsprechend dem Zweck der Ermächtigung auszuüben und es sind die gesetzlichen Grenzen des Ermessens einzuhalten. Wichtigste **prozessuale Konsequenz** bei Ermessensentscheidungen ist die Einschränkung der gerichtlichen Prüfungskompetenz. Das Gericht darf nur die Rechtmäßigkeit des VA überprüfen (§ 113 VwGO), nicht dessen Zweckmäßigkeit. Die gerichtliche Überprüfung ist daher auf Ermessensfehler i.S.d. § 114 S. 1 VwGO beschränkt. Ein **Ermessensfehler** liegt vor, wenn die Behörde

- die gesetzlichen Grenzen des Ermessens überschreitet **(Ermessensüberschreitung)**,
- ihr Ermessen überhaupt nicht ausübt **(Ermessensunterschreitung)** oder
- von dem Ermessen in einer dem Zweck der Ermächtigung nicht entsprechenden Weise Gebrauch macht **(Ermessensfehlgebrauch)**.

Jede unverhältnismäßige Maßnahme stellt eine unzulässige Rechtsfolge dar und überschreitet damit die gesetzlichen Grenzen des Ermessens. Deshalb wird der Gesichtspunkt der Verhältnismäßigkeit häufig auch im Rahmen des Ermessens erörtert.

aa) Ermessensgrenzen können sich ergeben unmittelbar aus der das Ermessen einräumenden Norm, aus anderen Rechtsvorschriften (vor allem aus Grundrechten) und aus dem Grundsatz der Verhältnismäßigkeit.

bb) Der Ermessensüberschreitung steht die **Ermessensunterschreitung** gleich (auch Ermessensnichtgebrauch oder Ermessensausfall), z.B., weil die Behörde fälschlicherweise die Voraussetzungen der Ermessensnorm verneint hat oder weil sie sich für gebunden hält und ihren Ermessensspielraum überhaupt nicht erkannt hat.

cc) Beim **Ermessensfehlgebrauch** ist nicht das Ergebnis, sondern der gedankliche Weg, auf dem die Behörde zu ihrer Entscheidung gelangt, fehlerhaft. Ein Ermessensfehlgebrauch liegt insbes. vor, wenn die Behörde sachfremde Erwägungen anstellt oder gegen den Gleichbehandlungsgrundsatz des Art. 3 Abs. 1 GG verstößt.

Beispiele sind Verstöße gegen das Willkürverbot oder gegen den Grundsatz der Selbstbindung der Verwaltung.

4. Entscheidungserheblicher Zeitpunkt

a) Für die Beurteilung der Rechtmäßigkeit des angefochtenen VA ist bei der Anfechtungsklage grundsätzlich auf den **Zeitpunkt der letzten Verwaltungsentscheidung** abzustellen. Das ist i.d.R. der Widerspruchsbescheid. Soweit ein Vorverfahren nicht stattfindet (insbes. in den Fällen des § 68 Abs. 1 S. 2 VwGO), ist der Zeitpunkt des Erlasses des VA maßgebend. Ändert sich die Sach- und Rechtslage nach diesem Zeitpunkt, ist dies für die gerichtliche Prüfung grundsätzlich unerheblich.

Etwas anderes gilt allerdings bei einem **DauerVA**, der den Bürger nicht nur einmal, sondern laufend belastet. Hier ist auf den Zeitpunkt der letzten mündlichen Verhandlung vor Gericht abzustellen. Denn ein DauerVA muss grundsätzlich während der gesamten Geltungsdauer gesetzlich gerechtfertigt sein.

Beispiel: Bei der Ausweisung eines Ausländers handelt es sich wegen der Rechtswirkungen des § 11 AufenthG um einen DauerVA. Deshalb müssen bei der Anfechtungsklage gegen die Ausweisung neue Tatsachen bis zum Zeitpunkt der letzten mündlichen Verhandlung berücksichtigt werden.

Eine (Gegen-)Ausnahme gilt beim DauerVA allerdings dann, wenn nach dem Gesetz nachträgliche Änderungen nur in einem **besonderen Verfahren** berücksichtigt werden dürfen. Dann sind die Änderungen in diesem Verfahren geltend zu machen und im Anfechtungsprozess unbeachtlich.

Beispiel: Die Gewerbeuntersagung (§ 35 Abs. 1 GewO) ist zwar ein DauerVA, nachträgliche Änderungen sind jedoch im Wiedergestattungsverfahren nach § 35 Abs. 6 GewO geltend zu machen und daher im Anfechtungsprozess nicht zu berücksichtigen.

b) Bei der **Verpflichtungsklage** kommt es – ebenso wie bei der **allgemeinen Leistungsklage** – grundsätzlich auf die Sach- und Rechtslage im **Zeitpunkt der letzten mündlichen Verhandlung** vor Gericht an. Denn entscheidend ist, ob der Kläger bei Erlass des Urteils den geltend gemachten Anspruch hat. Ausnahmsweise ist auf den Zeitpunkt der (letzten) Behördenentscheidung abzustellen. Dies gilt z.B. bei zeitabschnittsweise zu gewährenden Leistungen und bei Prüfungsentscheidungen.

c) Bei der **allgemeinen Feststellungsklage** (§ 43 Abs. 1 Fall 1 VwGO) hängt der entscheidungserhebliche Zeitpunkt von dem streitigem Rechtsverhältnis ab, je nachdem, ob es sich um ein gegenwärtiges, vergangenes oder künftiges Rechtsverhältnis handelt. Bei der **Nichtigkeitsfeststellungsklage** § 43 Abs. 1 Fall 2 VwGO) ist der Zeitpunkt der letzten Behördenentscheidung maßgebend, da ein nichtiger VA durch spätere Änderungen nicht wirksam werden kann. Bei der **Fortsetzungsfeststellungsklage** (§ 113 Abs. 1 S. 4 VwGO) kommt es auf die Art der Ausgangsklage an: In der Anfechtungssituation ist grundsätzlich der Zeitpunkt der letzten Behördenentscheidung maßgebend, bei Erledigung vor Erlass des Widerspruchsbescheides und bei Dauerverwaltungsakten der Zeitpunkt der Erledigung. In Verpflichtungssituationen ist stets der Zeitpunkt des erledigenden Ereignisses maßgebend (OVG NRW RÜ 2019, 804, 806).

II. Rechtsverletzung

Anfechtungs- und Verpflichtungsklagen sind gemäß § 113 Abs. 1 S. 1 bzw. § 113 Abs. 5 S. 1 VwGO nur begründet, soweit der Verwaltungsakt bzw. dessen Nichterlass (objektiv) rechtswidrig **und** der Kläger dadurch in seinen (subjektiven) Rechten verletzt ist. Entsprechendes gilt für die Fortsetzungsfeststellungsklage (§ 113 Abs. 1 S. 4 VwGO).

Bei der allgemeinen **Leistungsklage** ergibt sich der subjektive Bezug daraus, dass der Kläger einen Anspruch auf die begehrte Handlung, Duldung oder Unterlassung haben muss, bei der allgemeinen **Feststellungsklage** daraus, dass von dem Rechtsverhältnis eigene Rechte des Klägers abhängen.

Für den Erfolg der Klage ist also die objektive Rechtswidrigkeit allein nicht ausreichend. Hinzukommen muss (kumulativ) die Verletzung subjektiver Rechte. Unproblematisch ist dies bei **Klagen des Adressaten** gegen einen ihn belastenden VA, der bei objektiver Rechtswidrigkeit stets zur Verletzung eines subjektiven Rechts führt, zumindest Art. 2 Abs. 1 GG. Anders ist dies vor allem bei sog. **Drittanfechtungsklagen**, bei denen die Rechtsverletzung nur gegeben ist, wenn der VA gegen drittschützende Vorschriften verstößt.

Beispiel: Die Anfechtungsklage des Nachbarn gegen die dem Bauherrn erteilte Baugenehmigung ist nur begründet, wenn die Genehmigung wegen Verstoßes gegen nachbarschützende Vorschriften rechtswidrig ist. Verstößt die Baugenehmigung nur gegen nicht nachbarschützende Vorschriften, ist die Genehmigung zwar (objektiv) rechtswidrig, die Klage des Nachbarn bleibt mangels Rechtsverletzung gleichwohl erfolglos.

3. Teil: Das verwaltungsgerichtliche Eilverfahren

Die VwGO regelt das gerichtliche Eilverfahren in drei Vorschriften:

- das **Aussetzungsverfahren** in § 80 Abs. 5 VwGO,
- bei **Verwaltungsakten mit Doppelwirkung** in § 80a Abs. 3 VwGO und
- das **Anordnungsverfahren** in § 123 Abs. 1 VwGO.

1. Abschnitt: Aussetzungsverfahren nach § 80 Abs. 5 VwGO

Bei einem belastenden Verwaltungsakt (VA) haben Widerspruch und Anfechtungsklage grundsätzlich **aufschiebende Wirkung** (§ 80 Abs. 1 VwGO). Der VA wird durch den Rechtsbehelf automatisch **kraft Gesetzes suspendiert**.

Beispiel: Rechtsbehelfe gegen eine Bauordnungsverfügung haben nach § 80 Abs. 1 VwGO grundsätzlich aufschiebende Wirkung. Der Bauherr muss die Verfügung zunächst nicht befolgen, selbst wenn diese rechtmäßig ist.

Das **gerichtliche Aussetzungsverfahren** nach § 80 Abs. 5 VwGO ist nur erforderlich, wenn die aufschiebende Wirkung nach § 80 Abs. 2 VwGO **ausgeschlossen** ist:

- bei der Anforderung öffentlicher Abgaben und Kosten (Nr. 1),
- bei unaufschiebbaren Anordnungen und Maßnahmen von Polizeivollzugsbeamten (Nr. 2),
- bei gesetzlichem Ausschluss (Nr. 3),
- bei Anordnung der sofortigen Vollziehung durch die Behörde (Nr. 4).

Beispiele: Baugenehmigungen (§ 212a Abs. 1 BauGB), Abordnung und Versetzung im Beamtenrecht (§ 126 Abs. 4 BBG, § 54 Abs. 4 BeamtStG), Maßnahmen in der Verwaltungsvollstreckung (z.B. Art. 21 BayVwZVG, § 12 LVwVG BW, § 16 Hess AGVwGO, § 112 JustG NRW) sind kraft Gesetzes sofort vollziehbar; Bauordnungsverfügungen dagegen nur, wenn die Behörde die sofortige Vollziehung angeordnet hat (§ 80 Abs. 2 S. 1 Nr. 4 VwGO).

In diesen Fällen kann das **Gericht der Hauptsache** nach § 80 Abs. 5 S. 1 VwGO

Anordnung der aufschiebenden Wirkung bei gesetzlichem Ausschluss

- die **aufschiebende Wirkung** ganz oder teilweise **anordnen** (wenn die aufschiebende Wirkung kraft Gesetzes gemäß § 80 Abs. 2 S. 1 Nr. 1–3 u. S. 2 VwGO ausgeschlossen ist),

Wiederherstellung der aufschiebenden Wirkung bei behördlicher Vollziehungsanordnung

- die **aufschiebende Wirkung** ganz oder teilweise **wiederherstellen** (wenn die Behörde die sofortige Vollziehung nach § 80 Abs. 2 S. 1 Nr. 4 VwGO angeordnet hat).

A. Zulässigkeit des Antrags nach § 80 Abs. 5 VwGO

I. Verwaltungsrechtsweg

Der Verwaltungsrechtsweg ist für das Aussetzungsverfahren eröffnet, wenn in der Hauptsache eine aufdrängende **Spezialzuweisung** oder die **Generalklausel** des § 40 Abs. 1 S. 1 VwGO zur Anwendung gelangt.

II. Statthaftigkeit

Anfechtungsklage in der Hauptsache

1. Der Antrag nach § 80 Abs. 5 S. 1 VwGO ist (in Abgrenzung zur einstweiligen Anordnung, § 123 VwGO) statthaft, wenn es um die **Suspendierung eines belastenden VA** geht, der im Hauptsacheverfahren mit der Anfechtungsklage anzugreifen ist.

Der Aussetzungsantrag nach § 80 Abs. 5 S. 1 VwGO ist daher z.B. statthaft, wenn es um die Vollziehung einer Gewerbeuntersagung, einer baurechtlichen Beseitigungsverfügung oder der Entziehung einer Fahrerlaubnis geht. Bei Ablehnung einer Erlaubnis (Verpflichtungsklage in der Hauptsache) ist dagegen § 123 VwGO einschlägig.

2. Da § 80 VwGO **keinen vorbeugenden Rechtsschutz** gewährt, muss der Antragsteller zumindest zeitgleich mit dem Eilantrag den Rechtsbehelf in der Hauptsache (Widerspruch, Anfechtungsklage) erheben. Die Anordnung oder Wiederherstellung der aufschiebenden Wirkung eines noch nicht erhobenen Rechtsbehelfs scheidet nach h.M. schon begrifflich aus.

Rechtsbehelf in der Hauptsache bereits erhoben

Die Gegenansicht verweist auf § 80 Abs. 5 S. 2 VwGO, wonach der Antrag schon **vor Erhebung der Anfechtungsklage** zulässig ist. Die Vorschrift betrifft jedoch nur die Zeit zwischen dem Erlass des Widerspruchsbescheides und der Erhebung der Anfechtungsklage. Ist der Widerspruch nach § 68 Abs. 1 S. 2 VwGO ausgeschlossen, kann der Eilantrag daher frühestens mit Klageerhebung gestellt werden.

3. Schließlich darf der Rechtsbehelf gemäß § 80 Abs. 2 VwGO **keine aufschiebende Wirkung** haben. Hat der Rechtsbehelf nach § 80 Abs. 1 VwGO schon kraft Gesetzes aufschiebende Wirkung, ist der Antrag nach § 80 Abs. 5 S. 1 VwGO grundsätzlich unzulässig.

Ausschluss der aufschiebenden Wirkung nach § 80 Abs. 2 VwGO

Umstritten ist lediglich, ob dies dazu führt, dass der Antrag bereits unstatthaft ist, oder ob das Rechtsschutzbedürfnis fehlt.

Etwas anderes gilt, wenn die Behörde die **aufschiebende Wirkung missachtet** (z.B. trotz Suspendierung gemäß § 80 Abs. 1 VwGO den VA zwangsweise durchsetzen will). In diesem Fall spricht man von **faktischem Vollzug**. Der Betroffene kann **analog § 80 Abs. 5 S. 1 VwGO** beim Verwaltungsgericht die Feststellung der aufschiebenden Wirkung seines Rechtsbehelfs beantragen, damit die Behörde ihr rechtswidriges Verhalten erkennt.

Feststellung der aufschiebenden Wirkung bei faktischem Vollzug

4. Ist der VA im Zeitpunkt der gerichtlichen Entscheidung bereits vollzogen, so kann neben der Anordnung bzw. Wiederherstellung der aufschiebenden Wirkung gemäß § 80 Abs. 5 S. 3 VwGO auch die **Aufhebung der Vollziehung** beantragt werden.

Aufhebung der Vollziehung als Vollzugsfolgenbeseitigungsanspruch

Beispiel: Dem G ist sofort vollziehbar die Gewerbeausübung untersagt worden (§ 35 Abs. 1 GewO) und die Betriebsräume sind zwangsweise geschlossen worden (durch Versiegelung). G kann neben der Wiederherstellung der aufschiebenden Wirkung (§ 80 Abs. 5 S. 1 Fall 2 VwGO) zugleich Entsiegelung seiner Betriebsräume beantragen (§ 80 Abs. 5 S. 3 VwGO).

§ 80 Abs. 5 S. 3 VwGO ist nach h.M. keine materiell-rechtliche Anspruchsgrundlage, sondern dient – wie § 113 Abs. 1 S. 2 VwGO im Hauptsacheverfahren – lediglich der prozessualen Durchsetzung des **Vollzugsfolgenbeseitigungsanspruchs**.

III. Antragsbefugnis

Auch das vorläufige Rechtsschutzverfahren erfordert **analog § 42 Abs. 2 VwGO** eine Antragsbefugnis. Der Antragsteller muss geltend machen, durch den VA in seinen subjektiven Rechten verletzt zu sein.

IV. Rechtsschutzbedürfnis

1. Das allgemeine Rechtsschutzbedürfnis für den Eilantrag setzt voraus, dass der Rechtsbehelf in der **Hauptsache nicht offensichtlich unzulässig** ist (z.B. bei Verfristung). Denn dann entfalten Widerspruch und Anfechtungsklage ohnehin keine aufschiebende Wirkung (str.).

Hauptsacheverfahren nicht offensichtlich unzulässig

2. Einer besonderen **Eilbedürftigkeit** bedarf es – anders als bei der einstweiligen Anordnung (§ 123 VwGO) – beim Antrag nach § 80 Abs. 5 VwGO nicht. Die Eilbedürftigkeit ergibt sich ohne Weiteres aus dem drohenden Vollzug.

3. Ein vorheriger **Antrag bei der Behörde** auf Aussetzung der Vollziehung nach § 80 Abs. 4 VwGO ist nur im Fall des § 80 Abs. 2 S. 1 Nr. 1 VwGO erforderlich (§ 80 Abs. 6 VwGO), also bei Abgaben- und Kostenbescheiden.

Aussetzungsantrag bei der Behörde nur bei Abgaben- und Kostenbescheiden erforderlich

V. Sonstige Sachentscheidungsvoraussetzungen

Der Aussetzungsantrag nach § 80 Abs. 5 S. 1 VwGO ist grundsätzlich an **keine Frist** gebunden (Ausnahmen in Spezialgesetzen, z.B. § 36 Abs. 3 AsylG). Der **Antragsgegner** bestimmt sich analog § 78 Abs. 1 VwGO.

B. Begründetheit des Aussetzungsantrags

I. Entscheidung bei fehlerhafter Vollziehungsanordnung

Aufhebung der formell fehlerhaften Vollziehungsanordnung

Im Fall des § 80 Abs. 2 S. 1 Nr. 4 VwGO kann das Gericht die Vollziehungsanordnung aufheben, wenn sie **formell fehlerhaft** erfolgt ist. Das gilt insbesondere, wenn die Anordnung nicht den Anforderungen des § 80 Abs. 3 VwGO entspricht. Danach ist das **besondere Interesse** an der sofortigen Vollziehung des VA schriftlich zu begründen. Die Begründung muss das besondere Interesse darlegen, das gerade im konkreten Einzelfall über das allgemeine, bei jedem VA bestehende Vollzugsinteresse hinausgeht. Nicht ausreichend sind allgemein gehaltene Floskeln, die Wiedergabe des Gesetzeswortlauts, eine Wiederholung der den Erlass des VA selbst rechtfertigenden Gründe oder der Hinweis auf die Rechtmäßigkeit des VA.

II. Entscheidung aufgrund einer Interessenabwägung

Eigene Ermessenentscheidung des Gerichts aufgrund umfassender Güter- und Interessenabwägung

In materieller Hinsicht ist der Antrag nach § 80 Abs. 5 S. 1 VwGO begründet, wenn aufgrund einer umfassenden **Güter- und Interessenabwägung** davon auszugehen ist, dass das Aussetzungsinteresse des Antragstellers das öffentliche Vollzugsinteresse überwiegt. Diese Interessenabwägung richtet sich in erster Linie nach den Erfolgsaussichten in der Hauptsache, sodass inzident insbesondere die Rechtmäßigkeit des angefochtenen VA zu prüfen ist.

Vorrang des Aussetzungsinteresses bei rechtswidrigem VA

- Erweist sich der angefochtene VA als **rechtswidrig**, so hat der Aussetzungsantrag Erfolg, da an der Vollziehung eines rechtswidrigen VA grds. kein öffentliches Vollzugsinteresse bestehen kann.
- Ist der angefochtene VA dagegen **rechtmäßig**, ist zu unterscheiden:

Vorrang des gesetzlichen Vollzugsinteresses

  - In den Fällen des **gesetzlichen Ausschlusses** der aufschiebenden Wirkung (§ 80 Abs. 2 S. 1 Nr. 1–3 u. S. 2 VwGO) ist der Antrag i.d.R. unbegründet, da nach der gesetzlichen Wertung das öffentliche Vollzugsinteresse vorrangig ist (Ausnahme bei unbilliger Härte, vgl. § 80 Abs. 4 S. 3 VwGO).

Im Einzelfall besonderes Vollzugsinteresse erforderlich

  - Bei **behördlicher Anordnung** der sofortigen Vollziehung (§ 80 Abs. 2 S. 1 Nr. 4 VwGO) ist der Antrag nach h.Rspr. dagegen nur dann unbegründet, wenn ein **besonderes Vollzugsinteresse** besteht, das über das Interesse am Erlass des VA hinausgeht.

    Nach der Gegenansicht soll bei rechtmäßigem VA stets das öffentliche Vollzugsinteresse überwiegen, da das Aussetzungsinteresse des Antragstellers bei offensichtlich unbegründeten Rechtsbehelfen nicht schutzwürdig sei. Dagegen spricht jedoch, dass das Gesetz ein „besonderes" Vollzugsinteresse fordert.

2. Abschnitt: Eilverfahren bei VAen mit Doppelwirkung, § 80a VwGO

Bei Verwaltungsakten mit Doppelwirkung wird § 80 Abs. 5 VwGO durch § 80a VwGO ergänzt. Die Vorschrift unterscheidet zwei Fälle:

- **begünstigende VAe** mit **drittbelastender Wirkung** (§ 80a Abs. 1 VwGO),

  Wichtigstes Beispiel ist die Baugenehmigung, die den Bauherrn begünstigt und den Nachbarn belastet. Dasselbe gilt für immissionsschutzrechtliche Genehmigungen und gaststättenrechtliche Erlaubnisse.

- **belastende VAe** mit **drittbegünstigender Wirkung** (§ 80a Abs. 2 VwGO).

  Beispiele: Nutzungsuntersagungen und Beseitigungsverfügungen im Baurecht, die den Bauherrn belasten und den Nachbarn begünstigen.

Rechtsbehelfe haben nach § 80 Abs. 1 S. 2 Fall 2 VwGO auch bei Verwaltungsakten mit Doppelwirkung **grundsätzlich aufschiebende Wirkung**. Für den in der Praxis wichtigsten Fall der Baugenehmigung hat der Gesetzgeber in § 212a Abs. 1 BauGB indes eine **Ausnahmeregelung** getroffen: Danach haben Widerspruch und Anfechtungsklage eines Dritten gegen die bauaufsichtliche Zulassung **keine aufschiebende Wirkung**, d.h. der Bauherr darf trotz nachbarlicher Rechtsbehelfe zunächst weiterbauen.

I. Drittrechtsbehelf hat aufschiebende Wirkung

Hat der Drittrechtsbehelf **aufschiebende Wirkung**, darf der **Adressat** die ihn begünstigende Genehmigung oder Erlaubnis nicht verwirklichen.

Beispiel: Rechtsbehelfe des Nachbarn gegen eine immissionsschutzrechtliche Genehmigung (§ 4 BImSchG) haben aufschiebende Wirkung (§ 80 Abs. 1 S. 2 VwGO). Der Anlagenbetreiber darf die Anlage zunächst weder errichten noch betreiben.

Gemäß § 80a Abs. 1 Nr. 1 VwGO hat der Adressat die Möglichkeit, bei der Behörde einen Antrag auf **Anordnung der sofortigen Vollziehung** nach § 80 Abs. 2 S. 1 Nr. 4 VwGO zu stellen. Lehnt die Behörde dies ab, kann das Verwaltungsgericht auf Antrag des Begünstigten die sofortige Vollziehung anordnen (§ 80a Abs. 3 S. 1 VwGO).

1. Zulässigkeit des Antrags auf Anordnung der sofortigen Vollziehung

Antrag auf Anordnung der sofortigen Vollziehung

a) Der Antrag auf Anordnung der sofortigen Vollziehung ist gemäß § 80a Abs. 3 S. 1 i.V.m. Abs. 1 Nr. 1 VwGO **statthaft**, wenn

- bei einem den **Adressaten begünstigenden VA**, der einen Dritten belastet,
- der Dritte einen **Rechtsbehelf erhoben** hat und
- der Rechtsbehelf **aufschiebende Wirkung** entfaltet.

Dasselbe gilt für den Fall des **belastenden VA** mit drittbegünstigender Wirkung, z.B. einer Beseitigungsverfügung, die den Bauherrn belastet und den Nachbarn begünstigt. Hat der Rechtsbehelf des Bauherrn aufschiebende Wirkung, kann der Nachbar nach § 80a Abs. 2 VwGO bei der Behörde die Anordnung der sofortigen Vollziehung beantragen. Auch in diesem Fall richtet sich die gerichtliche Entscheidung nach § 80a Abs. 3 VwGO.

b) Die analog § 42 Abs. 2 VwGO erforderliche **Antragsbefugnis** folgt aus dem subjektiven Recht aus dem begünstigenden Verwaltungsakt (z.B. aus der Genehmigung nach § 4 BImSchG).

c) Das **Rechtsschutzbedürfnis** für eine gerichtliche Anordnung der sofortigen Vollziehung ist nach h.M. nicht von einem vorherigen Antrag bei der Behörde nach § 80a Abs. 1 Nr. 1 VwGO abhängig. Der Verweis in § 80a Abs. 3 S. 2 VwGO auf § 80 Abs. 6 VwGO wird als Rechtsgrundverweis interpretiert und gilt nur für Abgabenbescheide mit Doppelwirkung.

Die Gegenansicht versteht die Regelung als Rechtsfolgenverweis, sodass bei VAen mit Doppelwirkung generell vor Anrufung des VG eine behördliche Entscheidung nach § 80a Abs. 1 VwGO zu beantragen ist.

2. Begründetheit des Antrags auf Anordnung der sofortigen Vollziehung

Der Antrag auf Anordnung der sofortigen Vollziehung ist **begründet**, wenn aufgrund einer **umfassenden Güter- und Interessenabwägung** davon auszugehen ist, dass das Vollzugsinteresse des Antragstellers das Suspendierungsinteresse des Dritten überwiegt. Das hängt im Wesentlichen von den **Erfolgsaussichten des Nachbarrechtsbehelfs** in der Hauptsache ab.

- Ist die angefochtene Genehmigung **rechtmäßig**, so überwiegt stets das Interesse des Adressaten an der sofortigen Vollziehung, da die Verwirklichung des VA grundrechtlich geschützt ist (z.B. Art. 14 Abs. 1 GG).
- Ist die Genehmigung dagegen **rechtswidrig**, so ist wegen der besonderen Situation des Nachbarrechtsbehelfs zu differenzieren:

- Verstößt die Genehmigung gegen **nachbarschützende Vorschriften**, so überwiegt in jedem Fall das Aussetzungsinteresse des Nachbarn.
- Beruht die Rechtswidrigkeit dagegen **nicht auf der Verletzung drittschützender Normen**, so ist das Aussetzungsinteresse des Nachbarn nicht schutzwürdig. Deshalb ist der Antrag des begünstigten Adressaten auf Anordnung der sofortigen Vollziehung in diesen Fällen stets **begründet**, obwohl die Genehmigung objektiv rechtswidrig ist.

  Nach der Gegenansicht ist das Vollzugsinteresse des Adressaten bei rechtswidrigem VA nicht per se schutzwürdig. Es bedürfe daher einer von den Erfolgsaussichten unabhängigen Interessenabwägung.

II. Drittrechtsbehelf hat keine aufschiebende Wirkung

Hat der Rechtsbehelf des Dritten ausnahmsweise nach § 80 Abs. 2 VwGO **keine aufschiebende Wirkung**, so darf der Begünstigte den VA zunächst trotz der nachbarlichen Rechtsbehelfe weiterhin verwirklichen.

Beispiel: Rechtsbehelfe des Nachbarn gegen die dem Bauherrn erteilte Baugenehmigung haben nach § 80 Abs. 2 S. 1 Nr. 3 VwGO i.V.m. § 212a Abs. 1 BauGB keine aufschiebende Wirkung. B darf trotz Widerspruchs oder Anfechtungsklage des Nachbarn weiterbauen.

Antrag auf Aussetzung der Vollziehung

In diesem Fall hat der Dritte (hier der Nachbar) die Möglichkeit, bei der Behörde die **Aussetzung der Vollziehung** und Maßnahmen zur Sicherung seiner Rechte zu beantragen (§ 80a Abs. 1 Nr. 2 VwGO). Das VG kann nach § 80a Abs. 3 i.V.m. § 80 Abs. 5 S. 1 VwGO die aufschiebende Wirkung des Widerspruchs oder der Anfechtungsklage anordnen bzw. wiederherstellen. Hat der Antrag des Nachbarn Erfolg, muss der Bauherr die Bauarbeiten einstellen.

1. Zulässigkeit des Aussetzungsantrags

a) Der Antrag auf Aussetzung der Vollziehung ist nach § 80a Abs. 3 S. 1 i.V.m. Abs. 1 Nr. 2 Hs. 1 VwGO **statthaft**, wenn

- bei einem den **Adressaten begünstigenden VA**, der einen Dritten belastet,
- der Dritte einen **Rechtsbehelf erhoben** hat und
- der Rechtsbehelf des Dritten nach § 80 Abs. 2 VwGO **keine aufschiebende Wirkung** entfaltet.

Beim **belastenden VA mit drittbegünstigender Wirkung** regelt § 80a Abs. 2 VwGO diesen Fall nicht besonders. Es greift daher unmittelbar der Rechtsschutz nach § 80 Abs. 5 VwGO.

b) Die **Antragsbefugnis** analog § 42 Abs. 2 VwGO setzt voraus, dass der Dritte geltend machen kann, in seinen subjektiven Rechten verletzt zu sein, d.h., dass der angefochtene VA gegen **drittschützende Vorschriften** verstößt.

Beispiele: Möglichkeit eines Verstoßes gegen die Festsetzungen im Bebauungsplan über die Art der baulichen Nutzung (sog. Gebietserhaltungsanspruch), gegen das Rücksichtnahmegebot (z.B. § 15 Abs. 1 S. 2 BauNVO) oder gegen die bauordnungsrechtliche Abstandsflächenregelung.

c) Ob das **Rechtsschutzbedürfnis** für den Aussetzungsantrag von einem vorherigen Antrag bei der Behörde nach §§ 80a Abs. 1 Nr. 2, Abs. 3 S. 2, 80 Abs. 6 VwGO abhängt, oder ob das Verwaltungsgericht unmittelbar angerufen werden kann, ist – wie beim Anordnungsantrag – umstritten.

Entscheidend ist, ob man den Verweis in § 80a Abs. 3 S. 2 VwGO als Rechtsgrund- oder als Rechtsfolgenverweis versteht (s.o. S. 29). In der Praxis hat die Streitfrage keine große Bedeutung, da die Verwirklichung der Baugenehmigung jedenfalls der „Vollstreckung" gleichsteht, sodass das VG nach § 80a Abs. 3 S. 2 i.V.m. § 80 Abs. 6 S. 2 Nr. 2 VwGO in jedem Fall unmittelbar angerufen werden kann.

2. Begründetheit des Aussetzungsantrags

a) Der Aussetzungsantrag des Nachbarn ist begründet, wenn aufgrund einer umfassenden Güter- und Interessenabwägung davon auszugehen ist, dass das **Aussetzungsinteresse** des belasteten Dritten das **Vollzugsinteresse** (Verwirklichungsinteresse) des begünstigten Adressaten überwiegt. Dies richtet sich in erster Linie nach den Erfolgsaussichten des Nachbarrechtsbehelfs. Dieser wird Erfolg haben, soweit der angefochtene VA rechtswidrig und der Nachbar dadurch in seinen Rechten verletzt ist (§ 113 Abs. 1 S. 1 VwGO). Das ist nur dann der Fall, wenn sich die Rechtswidrigkeit aus einem **Verstoß gegen nachbarschützende Vorschriften** ergibt.

Hat der Antrag des Nachbarn Erfolg, muss der Bauherr die Bauarbeiten einstellen.

b) Neben der Aussetzung der Vollziehung kann das Gericht nach § 80a Abs. 3 S. 1 i.V.m. Abs. 1 Nr. 2 Hs. 2 VwGO einstweilige **Maßnahmen zur Sicherung** der Rechte des Dritten treffen. Der Antrag auf Sicherungsmaßnahmen ist – wie beim faktischen Vollzug durch die Behörde – allein wegen der (drohenden) Missachtung der aufschiebenden Wirkung begründet. Eine Interessenabwägung findet nicht statt.

Sicherungsmaßnahmen bei (drohender) Missachtung der aufschiebenden Wirkung

3. Abschnitt: Anordnungsverfahren nach § 123 VwGO

Die **einstweilige Anordnung** nach § 123 Abs. 1 VwGO ist subsidiär gegenüber dem Aussetzungsverfahren nach § 80 Abs. 5 VwGO. Sie kommt nur in Betracht, wenn keiner der Fälle der §§ 80, 80a VwGO vorliegt (§ 123 Abs. 5 VwGO). § 123 VwGO unterscheidet zwei Arten der einstweiligen Anordnung:

- die **Sicherungsanordnung** (§ 123 Abs. 1 S. 1 VwGO) zur Sicherung des bestehenden Zustandes (status quo) und
- die **Regelungsanordnung** (§ 123 Abs. 1 S. 2 VwGO), wenn der Antragsteller seinen Rechtskreis erweitern will (Veränderung des status quo).

Im Verwaltungsprozess heißt es anders als im Zivilprozess nicht einstweilige Verfügung sondern einstweilige Anordnung!

A. Zulässigkeit des Antrags nach § 123 VwGO

I. Verwaltungsrechtsweg

Der Verwaltungsrechtsweg für den Antrag auf Erlass einer einstweiligen Anordnung ist eröffnet, wenn in der Hauptsache eine aufdrängende Spezialzuweisung (z.B. § 54 Abs. 1 BeamtStG) oder § 40 Abs. 1 S. 1 VwGO einschlägig ist.

II. Statthaftigkeit

Ein Antrag nach § 123 Abs. 1 VwGO ist nur statthaft, wenn keiner der Fälle der §§ 80, 80a VwGO vorliegt (§ 123 Abs. 5 VwGO), d.h. wenn es **nicht um die Vollziehung eines belastenden VA** geht. § 123 Abs. 1 VwGO ist daher einschlägig, wenn es sich in der Hauptsache nicht um eine Anfechtungsklage, sondern um eine Verpflichtungs-, Leistungs- oder Feststellungsklage handelt.

Verpflichtungs-, Leistungs- oder Feststellungsklage in der Hauptsache

Beispiele: Einstweilige Anordnung auf Erlass eines begünstigenden VA (z.B. einer Baugenehmigung oder einer Gewerbeerlaubnis), Leistungsansprüche auf Geld, Unterlassung von VAen oder sonstigem Verwaltungshandeln.

III. Antragsbefugnis

Wie die Klage in der Hauptsache setzt auch die einstweilige Anordnung **analog § 42 Abs. 2 VwGO** voraus, dass der Antragsteller geltend machen kann, in einem subjektiven Recht verletzt zu sein (Antragsbefugnis).

Antragsbefugnis analog § 42 Abs. 2 VwGO

IV. Rechtsschutzbedürfnis

Das allgemeine Rechtsschutzbedürfnis setzt voraus, dass sich der Antragsteller zunächst erfolglos an die zuständige Behörde gewandt hat, es sei denn, die Sache ist besonders eilig. Anders als im Rahmen des § 80 Abs. 5 VwGO muss aber noch **kein Rechtsbehelf in der Hauptsache** (wie Widerspruch oder Klage) erhoben sein. Das Hauptsacheverfahren darf jedoch **nicht offensichtlich unzulässig** sein (z.B. wegen Verfristung nach §§ 70, 74 VwGO).

V. Sonstige Sachentscheidungsvoraussetzungen

Eine **Antragsfrist** besteht für den Antrag nach § 123 VwGO nicht. Der **Antragsgegner** richtet sich nach der Klageart in der Hauptsache: In Verpflichtungssituationen gilt § 78 VwGO analog, ansonsten richtet sich der Antrag gegen den Verwaltungsträger (Rechtsträgerprinzip).

B. Begründetheit des Antrags nach § 123 VwGO

Anordnungsanspruch und Anordnungsgrund

Der Antrag auf Erlass einer einstweiligen Anordnung ist begründet, wenn die tatsächlichen Umstände, die den **Anordnungsanspruch** und den **Anordnungsgrund** begründen, glaubhaft gemacht sind (§ 123 Abs. 3 VwGO, §§ 920 Abs. 2, 294 ZPO).

I. Anordnungsanspruch

Sicherung eines Rechts des Antragstellers, i.d.R. eines Anspruchs

1. Bei der **Sicherungsanordnung** (§ 123 Abs. 1 S. 1 VwGO) betrifft der Anordnungsanspruch die Sicherung eines eigenen Rechts, i.d.R. eines Anspruchs des Antragstellers.

Beispiele: Unterlassungsanspruch gegen ehrbeeinträchtigende Äußerungen eines Hoheitsträgers oder Abwehr hoheitlicher Immissionen.

Regelung eines streitigen Rechtsverhältnisses, auch eines einzelnen Anspruchs

2. Bei der **Regelungsanordnung** (§ 123 Abs. 1 S. 2 VwGO) setzt der Anordnungsanspruch ein streitiges Rechtsverhältnis voraus. Wie im Rahmen des § 43 Abs. 1 VwGO können auch einzelne sich aus dem Rechtsverhältnis ergebende Rechte und Pflichten Gegenstand der Regelungsanordnung sein, insbesondere das Bestehen eines konkreten Anspruchs.

Beispiele: Anspruch auf Erteilung einer Baugenehmigung oder einer Aufenthaltserlaubnis, Anspruch auf Versetzung in die nächsthöhere Schulklasse.

II. Anordnungsgrund

Drohende Rechtsvereitelung oder Rechtserschwerung

1. Anordnungsgrund ist bei der **Sicherungsanordnung** (§ 123 Abs. 1 S. 1 VwGO) die Gefahr, dass durch eine Veränderung des bestehenden Zustandes die Verwirklichung des Rechts vereitelt oder wesentlich erschwert werden könnte.

Abwehr wesentlicher Nachteile

2. Bei der **Regelungsanordnung** (§ 123 Abs. 1 S. 2 VwGO) besteht ein Anordnungsgrund, wenn eine vorläufige Regelung zur Abwendung wesentlicher Nachteile oder zur Verhinderung drohender Gewalt oder aus anderen Gründen nötig erscheint.

3. In beiden Fällen hat im Rahmen des Anordnungsgrundes eine umfassende **Güter- und Interessenabwägung** zu erfolgen, bei der u.a. zu berücksichtigen sind: die Bedeutung und Dringlichkeit des geltend gemachten Anspruchs, das Maß einer eventuellen Gefährdung, der Eintritt irreparabler Folgen und allgemein, ob das Abwarten einer Entscheidung in der Hauptsache zumutbar ist. Anders als beim Verfahren nach § 80 Abs. 5 VwGO reichen daher überwiegende Erfolgsaussichten in der Hauptsache für den Erlass einer einstweiligen Anordnung nach § 123 Abs. 1 VwGO nicht aus. Hinzukommen muss eine **besondere Dringlichkeit**.

Glaubhaftmachung durch eidesstattliche Versicherung

III. Anders als im Hauptsacheverfahren müssen die Voraussetzungen des Anordnungsanspruchs und des Anordnungsgrundes nicht feststehen, vielmehr ist nur die **Glaubhaftmachung** der tatsächlichen Umstände erforderlich. Hierfür reicht die Vorlage einer eidesstattlichen Versicherung (§ 123 Abs. 3 VwGO, §§ 920 Abs. 2, 294 ZPO).

IV. Rechtsfolge

Sind die Voraussetzungen des § 123 Abs. 1 S. 1 oder S. 2 VwGO erfüllt, so ist für eine weitere Interessenabwägung nach h.Rspr. kein Raum, denn alle für und gegen den Erlass einer einstweiligen Anordnung sprechenden Gesichtspunkte sind bereits beim Anordnungsanspruch oder beim Anordnungsgrund geprüft worden. Das Gericht **muss** die einstweilige Anordnung erlassen, wenn der Anordnungsanspruch und der Anordnungsgrund glaubhaft gemacht sind. Es handelt sich daher um eine **Rechtsentscheidung**. Das **Ermessen** des Gerichts (§ 123 Abs. 3 VwGO i.V.m. § 938 Abs. 1 ZPO) bezieht sich **nur auf den Inhalt** der einstweiligen Anordnung.

Anders als im Rahmen des § 80 Abs. 5 S. 1 VwGO ergeht keine eigene Ermessensentscheidung des Gerichts, sondern eine Rechtsentscheidung (str.)

Die Gegenansicht nimmt wie im Rahmen des § 80 Abs. 5 S. 1 VwGO eine umfassende Interessenabwägung vor, „ob" die einstweilige Anordnung erlassen wird. Dabei ist jedoch unklar, welche Gesichtspunkte dem Erlass einer einstweiligen Anordnung entgegenstehen sollen, wenn sowohl der (Anordnungs-)Anspruch als auch die Dringlichkeit seiner Durchsetzung bejaht wurden.

Das **Ermessen des Gerichts** hinsichtlich des Inhalts der einstweiligen Anordnung wird durch zwei Grundsätze **eingeschränkt**:

- Durch die einstweilige Anordnung darf **nicht mehr** gewährt werden, als in der Hauptsache erreicht werden könnte.
- Eine **Vorwegnahme der Hauptsache** ist grundsätzlich **unzulässig**.

1. Nicht mehr als in der Hauptsache

Einstweilige Anordnung bei offenem Ermessen in der Hauptsache

Unter dem Gesichtspunkt, dass das Begehren in der Hauptsache nicht überschritten werden darf, ergeben sich Probleme bei **Ermessensentscheidungen**, bei denen in der Hauptsache i.d.R. nur ein Bescheidungsurteil in Betracht kommt (§ 113 Abs. 5 S. 2 VwGO). Nach teilweise vertretener Ansicht ist hier der Erlass einer einstweiligen Anordnung nur möglich, wenn ein Fall der **Ermessensreduzierung auf Null** vorliegt. Dagegen spricht jedoch, dass dann bei Ermessensansprüchen eine Rechtsschutzlücke entstünde, die mit der durch Art. 19 Abs. 4 GG garantierten Effektivität des Rechtsschutzes nicht vereinbar wäre. Deshalb ist es nach h.Rspr. zulässig, in eng umrissenen Ausnahmefällen eine über den möglichen Inhalt des Urteils in der Hauptsache (Bescheidung) hinausgehende **vorläufige Verpflichtung** auszusprechen. Allerdings sind in diesem Fall an die Prognose der Erfolgsaussichten in der Hauptsache besonders hohe Anforderungen zu stellen.

Beispiel: Bei Nichtversetzung ist eine einstweilige Anordnung auf vorläufige Teilnahme am Unterricht der nächsthöheren Klasse möglich.

2. Keine Vorwegnahme der Hauptsache

Grundsätzlich nur vorläufige Sicherung oder Regelung

Das Verfahren nach § 123 Abs. 1 VwGO dient der **vorläufigen** Sicherung oder Regelung des streitigen Anspruchs, nicht dagegen der endgültigen Befriedigung. Eine Vorwegnahme der Hauptsache ist daher grundsätzlich unzulässig.

Beispiele: Keine einstweilige Anordnung auf vorläufige Erteilung einer Baugenehmigung, da hierdurch vollendete Tatsachen geschaffen würden.

Vorwegnahme der Hauptsache nur ausnahmsweise zulässig

Das Vorwegnahmegebot gilt jedoch **nicht uneingeschränkt**. Ausnahmsweise kann wegen Art. 19 Abs. 4 GG (Effektivität des Rechtsschutzes) eine Vorwegnahme der Hauptsache erforderlich sein, wenn das Recht des Antragstellers sonst vereitelt würde oder wenn ihm aus sonstigen Gründen eine bloß vorläufige Regelung nicht zumutbar ist (BayVGH RÜ 2018, 383, 389).

Beispiel: Der Antragsteller würde Nachteile erleiden, die bei einem Obsiegen in der Hauptsache nicht mehr ausgeglichen werden könnten, z.B. Zulassung zu zeitgebundenen Veranstaltungen im Gewerberecht (Weihnachtsmarkt, Volksfest).

4. Teil: Rechtsschutz vor dem Gerichtshof der EU

1. Abschnitt: Aufbau der Europäischen Gerichtsbarkeit

Nicht zur Gerichtsbarkeit der Europäischen Union gehört der Europäische Gerichtshof für Menschenrechte (EGMR) mit Sitz in Straßburg. Dieser überwacht die Einhaltung der Verpflichtungen der Vertragsparteien aus der Europäischen Konvention zum Schutz der Menschenrechte und Grundfreiheiten (EMRK) und der geltenden Zusatzprotokolle. Der EMRK sind alle 47 Mitglieder des Europarats beigetreten.

1. Der **Gerichtshof der Europäischen Union** mit Sitz in Luxemburg kontrolliert als Rechtsprechungsorgan der Union (Art. 13 Abs. 1 EUV) die ordnungsgemäße Anwendung des Unionsrechts durch die anderen Organe der Union und durch die Mitgliedstaaten. Er sichert die Wahrung des Rechts bei der Auslegung und Anwendung der Verträge (Art. 19 Abs. 1 S. 2 EUV) und nimmt im System der Europäischen Union die Rolle der Judikative wahr. Er besteht aus

- dem **Gerichtshof** (Art. 251 ff. AUEV),
- dem **Gericht**, Art. 256 AEUV und
- ggf. den **Fachgerichten**, Art. 257 AEUV.

Bislang einziges Fachgericht war das Gericht für den öffentlichen Dienst der Europäischen Union (EuGöD). Da sich die Mitgliedstaaten nicht über die Einführung weiterer Fachgerichte einigen konnten, ist das EuGöD mit Wirkung zum 01.09.2016 aufgelöst worden. Fachgerichte sind zwar weiterhin nach Art. 257 AEUV möglich, mit ihrer (Wieder-)Einführung ist aber zunächst nicht zu rechnen.

2. Die sachliche Zuständigkeit liegt primär beim **Gerichtshof**, soweit sich nicht nach Art. 256 Abs. 1 AEUV und der Satzung des Gerichtshofs eine Zuständigkeit des Gerichts oder eines Fachgerichts ergibt. Im Wesentlichen ist das **Gericht** zuständig für Individualklagen (Klagen von natürlichen oder juristischen Personen) und für Rechtsmittel gegen Entscheidungen der Fachgerichte, der **Gerichtshof** für die übrigen Verfahren und für Rechtsmittel gegen Entscheidungen des Gerichts.

3. Grundlage für die Tätigkeit der europäischen Gerichte ist neben dem Primärrecht (Art. 19 EUV und Art. 251 ff. AEUV) die Satzung des Gerichtshofs (Art. 281 AEUV) und die Verfahrensordnungen des Gerichtshofs, des Gerichts und der Fachgerichte (Art. 253 Abs. 6, Art. 254 Abs. 5 und Art. 257 Abs. 5 AEUV).

Die Satzung des Gerichtshofs ist durch ein vertragsergänzendes Protokoll festgelegt (Art. 281 Abs. 1 AEUV) und somit gemäß Art. 51 EUV Teil des Primärrechts. Sie kann nach Art. 281 Abs. 2 AEUV in einem vereinfachten Verfahren geändert werden. Die Verfahrensordnungen sind als Sekundärrecht sui generis gegenüber der Satzung des Gerichtshofs nachrangig.

Einschränkungen des Anwendungsvorrangs des Unionsrechts:

- Ultra-vires-Kontrolle
- Identitätskontrolle

(dazu BVerfG RÜ 2016, 518, 521).

4. Den europäischen Gerichten kommt in Bezug auf das Unionsrecht ein **Auslegungs- und Verwerfungsmonopol** zu. Als supranationales Recht genießt das Unionsrecht **Anwendungsvorrang vor dem nationalen Recht**, auch vor dem nationalen Verfassungsrecht. Deshalb finden die Grundrechte des Grundgesetzes grundsätzlich keine Anwendung bei Klagen gegen EU-Rechtsakte. Verfassungsbeschwerden vor dem BVerfG scheitern entweder am „zulässigen Beschwerdegegenstand“ oder an der „Beschwerdebefugnis“, Normenkontrollen am tauglichen „Verfahrensgegenstand“. Allerdings ist die europäische Gerichtsbarkeit ihrerseits dem Subsidiaritätsgrundsatz (Art. 5 EUV) verpflichtet und muss das Zuständigkeitsgefüge zwischen der EU und den Mitgliedstaaten beachten. Im Rahmen des daraus resultierenden **Kooperationsverhältnisses** ist der Gerichtshof (und nicht das BVerfG) zuständig für die Auslegung des Unionsrechts, das BVerfG prüft nur, ob die Handlungen der Organe, Einrichtungen und sonstigen Stellen der EU im Rahmen der nach Art. 23 Abs. 1 S. 2 GG übertragenen Zuständigkeiten liegen **(Ultra-vires-Kontrolle)** und ob die absolute Grenze der Verfassungsidentität nach Art. 79 Abs. 3 GG eingehalten ist **(Identitätskontrolle)**.

5. Das Unionsrecht kennt **keine** den Rechtsweg eröffnende **Generalklausel** (wie z.B. § 40 Abs. 1 S. 1 VwGO oder § 13 GVG); vielmehr enthält es in den Art. 258 ff. AEUV einen **enumerativen Katalog** von Einzelzuständigkeiten (Art. 19 Abs. 3 EUV: Prinzip der begrenzten Einzelermächtigung).

2. Abschnitt: Vertragsverletzungsverfahren gemäß Art. 258, 259 AEUV

Innerhalb des unionsrechtlichen Rechtsschutzsystems bietet das Vertragsverletzungsverfahren vor allem der EU-Kommission die Möglichkeit, seiner Aufgabe als **„Hüterin der Verträge"** nachzukommen. Insoweit stellt sich das Verfahren als Instrument objektiver Rechtskontrolle dar, welches den Zweck verfolgt, die Mitgliedstaaten zu einem vertragsgemäßen Verhalten anzuhalten. Prüfungsmaßstab ist das gesamte (primäre und sekundäre) Unionsrecht.

A. Zulässigkeit der Klage

I. Zuständigkeit

Zuständig für das Vertragsverletzungsverfahren ist ausschließlich der **Gerichtshof**. Eine Zuständigkeit des Gerichts besteht nicht, da Art. 256 Abs. 1 UAbs. 1 AEUV das Vertragsverletzungsverfahren nicht in Bezug nimmt und eine abweichende Regelung in der EuGH-Satzung bislang nicht existiert.

II. Parteifähigkeit

Gemäß **Art. 258 AEUV** sind als Kläger die Kommission und als Beklagter der betroffene Mitgliedstaat parteifähig. Gemäß **Art. 259 AEUV** kann auch ein Mitgliedstaat vor dem Gerichtshof klagen, um die Vertragsverletzung eines anderen Mitgliedstaats zu rügen. Das Verfahren entspricht im Wesentlichen dem des Art. 258 AEUV.

III. Vorverfahren

Dem Verfahren nach Art. 258 AEUV muss ein **Vorverfahren** vorausgehen, das lediglich in Ausnahmefällen entbehrlich sein kann. Das Vorverfahren ist unverzichtbare **Klagevoraussetzung** und gliedert sich in **drei Abschnitte:**

Wird das Vertragsverletzungsverfahren auf Initiative eines anderen Mitgliedstaates eingeleitet, so richtet sich das Vorverfahren nach Art. 259 Abs. 2–4 AEUV. Auch hier muss sich zunächst die Kommission mit der Angelegenheit befassen.

1. Erstes Mahnschreiben

Hat nach Auffassung der Kommission ein Mitgliedstaat gegen eine Verpflichtung aus den Verträgen verstoßen, so wird das Vertragsverletzungsverfahren gemäß Art. 258 Abs. 1 Hs. 2 AEUV durch ein **erstes Mahnschreiben** eingeleitet. Hierdurch soll der Anspruch des Mitgliedstaates auf **rechtliches Gehör** gewahrt und ihm die Möglichkeit eingeräumt werden, sich zu den Vorwürfen der Kommission zu äußern und die erhobenen Vorwürfe gegebenenfalls zu entkräften. Das Schreiben muss den Gegenstand des Verfahrens eingrenzen und die Tatsachen enthalten, die nach Ansicht der Kommission den Vertragsverstoß begründen. Die Einleitung des Vertragsverletzungsverfahrens muss angekündigt werden und die Kommission muss dem Mitgliedstaat eine **Frist** setzen, in der er sich zu den Vorwürfen äußern kann.

2. Begründete Stellungnahme

Wird der Vertragsverstoß nicht innerhalb der im Mahnschreiben gesetzten Frist abgestellt und ist die Kommission auch nach der Anhörung des Mitgliedstaates von der Vertragsverletzung überzeugt, gibt sie eine **begründete Stellungnahme** ab (Art. 258 Abs. 1 Hs. 1 AEUV). In dieser hat sie nochmals die Tatsachen und Gründe darzulegen, die nach ihrer Ansicht den Vertragsverstoß begründen. Der Mitgliedstaat muss **zur Beseitigung der Verletzung innerhalb einer bestimmten Frist** aufgefordert werden. Als bloße Verfahrenshandlung kann die Stellungnahme der Kommission nicht isoliert angefochten werden.

Eine Mindestlänge der Frist ist nicht vorgeschrieben. In der Regel werden **zwei Monate als angemessene Frist** angesehen. Im Einzelfall ist bei der Fristbemessung zu berücksichtigen, inwieweit der Mitgliedstaat bereits umfassend über die tatsächlichen und rechtlichen Aspekte der vermuteten Vertragsverletzung unterrichtet ist.

3. Fruchtloser Fristablauf

Nach fruchtlosem Fristablauf ist die Kommission berechtigt, das Vertragsverletzungsverfahren beim Gerichtshof einzuleiten.

Während in der Lit. zum Teil für die Kommission als „Hüterin der Verträge" eine Klagepflicht angenommen wird, bejaht der Gerichtshof zutreffend ein **Ermessen**. Insbesondere bei nur geringfügigen Verstößen oder solchen von politischer Brisanz muss der Kommission ein Entscheidungsspielraum hinsichtlich der Einleitung des Verfahrens zugebilligt werden.

IV. Klagegegenstand

Klagegegenstand ist die Maßnahme (Tun oder Unterlassen) des Mitgliedstaates, durch die dieser die Verträge verletzt haben soll. Das Vertragsverletzungsverfahren darf nur den Vorwurf umfassen, der bereits in der begründeten Stellungnahme vorgebracht wurde. Eine Erweiterung der Vorwürfe in der Klage ist nicht zulässig. Da die Stellungnahme ihrerseits nicht über das erste Mahnschreiben hinausgehen darf, erweist sich der Klagegegenstand als **doppelt akzessorisch**. Erfolgt dennoch eine Ausdehnung des Vorwurfs, ist die Klage hinsichtlich der Erweiterung mangels ordnungsgemäßer Durchführung des Vorverfahrens unzulässig.

V. Rechtsschutzinteresse

Eines besonderen Rechtsschutzinteresses in Form einer **Klagebefugnis** bedarf es im Vertragsverletzungsverfahren nicht. Ausreichend ist vielmehr das Vorliegen einer **objektiv möglichen Vertragsverletzung**. Voraussetzung ist jedoch, dass die Kommission von dem Vertragsverstoß **überzeugt** ist. **Zweifel** an der Vereinbarkeit des mitgliedstaatlichen Handelns mit den Verträgen **genügen allein nicht**.

Hat der Mitgliedstaat die gerügte Vertragsverletzung beseitigt, ist die Klage mangels Rechtsschutzinteresses i.d.R. unzulässig, da das Ziel des Aufsichtsverfahrens bereits erreicht ist. Nur für den Fall, dass ein besonderes Rechtsschutzbedürfnis besteht (z.B. Präjudizwirkung), kann die Kommission gleichwohl ein Vertragsverletzungsverfahren einleiten (vgl. AS-Skript Europarecht [2018] Rn. 662).

VI. Eine **Frist** ist für die Einleitung des Vertragsverletzungsverfahrens **nicht vorgesehen**. Allerdings kann die Kommission das Klagerecht **verwirken**, wenn sie nach Abschluss des Vorverfahrens ohne sachlichen Grund unangemessen lange mit der Klageerhebung zuwartet.

B. Begründetheit des Vertragsverletzungsverfahrens

Die Klage ist begründet, wenn die von der Kommission bzw. vom Mitgliedstaat behauptete **Verletzung des Unionsrechts** tatsächlich festgestellt werden kann. Prüfungsmaßstab sind hierbei – entgegen dem Wortlaut des Art. 258 AEUV – nicht nur die Verträge selbst (das primäre Unionsrecht), sondern auch das sekundäre Unionsrecht. Eine Vertragsverletzung ist gegeben, wenn der beklagte Mitgliedstaat durch sein Verhalten gegen eine **Norm des Unionsrechts** verstößt. Ein Verschulden ist nicht erforderlich.

Ist das Vertragsverletzungsverfahren **erfolgreich**, trifft der Gerichtshof die Feststellung, dass die nationale Maßnahme Unionsrecht verletzt. Eine Verpflichtung des Mitgliedstaates oder gar eine Verurteilung zu einer konkreten Form der Beseitigung des Verstoßes kann der Gerichtshof nicht aussprechen. Der betreffende Mitgliedstaat ist jedoch gemäß Art. 260 Abs. 1 AEUV verpflichtet, Abhilfe zu schaffen. Unterlässt er dies, kann der Gerichtshof gemäß Art. 260 Abs. 2 UAbs. 2 AEUV die Zahlung eines Pauschalbetrags oder Zwangsgelds verhängen. Haben auch diese Sanktionen keine Wirkung, bleibt lediglich die Möglichkeit, ein erneutes Vertragsverletzungsverfahren durchzuführen. Nach Art. 279 AEUV hat der Gerichtshof außerdem die Möglichkeit, eine unionsrechtswidrige Einzelmaßnahme eines Mitgliedstaates vorläufig außer Kraft zu setzen.

3. Abschnitt: Nichtigkeitsklage gemäß Art. 263, 264 AEUV

Die Nichtigkeitsklage gemäß Art. 263 AEUV ermöglicht eine Überprüfung der Rechtmäßigkeit von Handlungen der Unionsorgane und sonstiger Einrichtungen und Stellen der EU. Da aufgrund des Anwendungsvorrangs des Unionsrechts EU-Rechtsakte grundsätzlich nicht mehr von deutschen Gerichten auf ihre Rechtmäßigkeit hin überprüft werden dürfen, ist diese Klageart die einzige Möglichkeit, auf direktem Wege vor allem EU-Verordnungen, EU-Richtlinien und Beschlüsse (Art. 288 AEUV) auf die Vereinbarkeit mit dem Unionsrecht überprüfen zu lassen.

A. Zulässigkeit der Klage

I. Zuständigkeit

Zuständig für die Nichtigkeitsklage ist – vorbehaltlich von Abweichungen in der EuGH-Satzung – grundsätzlich das Gericht (Art. 256 Abs. 1 UAbs. 1 AEUV). Insbes. gilt dies für Klagen von natürlichen und juristischen Personen.

Für die meisten Klagen der **Mitgliedstaaten und der Unionsorgane** ist dagegen die Zuständigkeit dem Gerichtshof vorbehalten. Einzelheiten regelt Art. 51 EuGH-Satzung mit einem komplizierten System von Ausnahmen und Gegenausnahmen.

II. Parteifähigkeit

1. Aktiv parteifähig sind gemäß Art. 263 Abs. 2 AEUV die Mitgliedstaaten, das Europäische Parlament, der Rat und die Kommission, gemäß Art. 263 Abs. 3 AEUV der Rechnungshof, die Europäische Zentralbank und der Ausschuss der Regionen sowie gemäß Art. 263 Abs. 4 AEUV natürliche und juristische Personen.

2. Passiv parteifähig sind die in Art. 263 Abs. 1 AEUV genannten Organe, also das Europäische Parlament und der Rat gemeinsam (bei Gesetzgebungsakten), das Europäische Parlament, der Rat, der Europäische Rat, die Kommission und die Europäische Zentralbank. Hinzu kommen die in Art. 263 Abs. 1 S. 2 AEUV genannten Einrichtungen und sonstigen Stellen der EU.

III. Klagegegenstand

Gegenstand der Nichtigkeitsklage können nach Art. 263 Abs. 1 AEUV **alle Gesetzgebungsakte** sowie alle **rechtsverbindlichen Handlungen** des Rates, der Kommission und der Europäischen Zentralbank sein, soweit es sich nicht um Empfehlungen oder Stellungnahmen (Art. 288 Abs. 5 AEUV) handelt, sowie Handlungen des Europäischen Parlaments und des Europäischen Rates sowie der Einrichtungen oder sonstigen Stellen der Union mit Rechtswirkung gegenüber Dritten.

Nicht anfechtbar sind dagegen solche Handlungen, die lediglich eine vorbereitende Maßnahme oder eine Zwischenmaßnahme darstellen, und nachfolgende, bestätigende oder wiederholende Maßnahmen. Gleiches gilt für unverbindliche Kundgaben, wie Dienstanweisungen, Meinungsäußerungen, innerbehördliche Akte oder Rechtsauskünfte.

IV. Klagebefugnis

1. Bei Nichtigkeitsklagen von **Unionsorganen oder Mitgliedstaaten** (Art. 263 Abs. 2 AEUV) ist keine Klagebefugnis erforderlich (privilegiert Klageberechtigte). Das Nichtigkeitsverfahren hat hier die Funktion eines objektiven Beanstandungsverfahrens vergleichbar mit der abstrakten Normenkontrolle nach Art. 93 Abs. 1 Nr. 2 GG (s.o. S. 4).

2. Die **Europäische Zentralbank**, der **Rechnungshof** und der **Ausschuss der Regionen** dürfen die Klage nach Art. 263 Abs. 3 AEUV nur zur „Wahrung ihrer Rechte" erheben (teilprivilegierte Klageberechtigte). Insoweit handelt es sich praktisch um einen Organstreit.

3. Bei Klagen **natürlicher oder juristischer Personen** muss dagegen gemäß Art. 263 Abs. 4 AEUV grundsätzlich eine Klagebefugnis vorliegen. Diese ist zu bejahen, wenn der Kläger **Adressat** der angefochtenen Handlung ist oder er (als Dritter) **wie ein Adressat unmittelbar und individuell betroffen** ist. Weniger strenge Anforderungen gelten für **Rechtsakte mit Verordnungscharakter.** Hier genügt es, dass der Rechtsakt den Kläger **unmittelbar** betrifft und **keine Durchführungsmaßnahme** nach sich zieht (Art. 263 Abs. 4 Fall 3 AEUV). Eine individuelle Betroffenheit wird hier nicht verlangt.

„Verordnungscharakter" können auch Richtlinien und generell-abstrakte Beschlüsse haben, wenn sie den Kläger unmittelbar betreffen und keine Durchführungsmaßnahme erforderlich ist, vgl. EuGH RÜ 2014, 179, 181.

V. Klagegründe

Als Klagegründe kommen Unzuständigkeit, Verletzung wesentlicher Formvorschriften, Verletzung der Verträge oder einer bei der Durchführung anzuwendenden Rechtsnorm oder Ermessensmissbrauch in Betracht (Art. 263 Abs. 2 AEUV). Die Klagegründe müssen in der Klageschrift dargelegt werden. Ihr tatsächliches Vorliegen ist zwar eine Frage der Begründetheit, ihre Geltendmachung und kurze Begründung sind jedoch Zulässigkeitsvoraussetzung.

VI. Klagefrist

Die Klagefrist beträgt gemäß Art. 263 Abs. 6 AEUV **zwei Monate**. Sie läuft ab der Bekanntgabe der betreffenden Handlung, ihrer Mitteilung an den Kläger oder mangels einer solchen Mitteilung ab Kenntniserlangung des Klägers von der Handlung. Bei Veröffentlichung des Rechtsaktes im Amtsblatt der EU beginnt die Frist erst mit Ablauf des 14. Tages nach der Veröffentlichung (Art. 50 EuGH-VerfO).

B. Begründetheit der Nichtigkeitsklage

Die Nichtigkeitsklage ist begründet, wenn einer der Klagegründe des § 263 Abs. 2 AEUV tatsächlich vorliegt. In diesem Fall erklärt der Gerichtshof die angefochtene Handlung gemäß Art. 264 Abs. 1 AEUV für nichtig. Das Urteil wirkt ex tunc und ist allgemein verbindlich (inter omnes). Gemäß Art. 264 Abs. 2 AEUV kann das Gericht die Fortgeltung bestimmter Wirkungen anordnen (z.B. für eine Übergangszeit). Aus Art. 266 AEUV ergibt sich die Verpflichtung des beklagten Organs, die sich aus dem Urteil ergebenden Maßnahmen zu ergreifen.

4. Abschnitt: Untätigkeitsklage gemäß Art. 265 AEUV

Die Untätigkeitsklage ist eine Feststellungsklage bezogen auf das rechtswidrige Unterlassen der Vornahme eines Rechtsakts durch das Europäische Parlament, den Europäischen Rat, den Rat, die Kommission, die EZB, Einrichtungen oder sonstige Stellen der Union.

A. Zulässigkeit der Klage

I. Zuständigkeit

Zuständig ist grundsätzlich das Gericht (Art. 256 Abs. 1 UAbs. 1 AEUV). Abweichend davon ist der Gerichtshof für bestimmte Klagen von Mitgliedstaaten und Unionsorganen zuständig (Art. 51 EuGH-Satzung).

II. Die aktive und passive **Parteifähigkeit** richtet sich nach Art. 265 Abs. 1 u. 3 AEUV.

III. Voraussetzung für die Untätigkeitsklage ist die Durchführung des in Art. 265 Abs. 2 AEUV vorgeschriebenen **Vorverfahrens**. Es wird eingeleitet durch die Aufforderung des späteren Klägers an das betroffene Organ (bzw. die sonstige Stelle), tätig zu werden. Hat der Betroffene binnen zwei Monaten nicht Stellung genommen, kann gemäß Art. 265 Abs. 2 S. 2 AEUV innerhalb einer Frist von zwei weiteren Monaten die Untätigkeitsklage erhoben werden.

Hat die betroffene Stelle einen Beschluss erlassen oder auch den Erlass nur abgelehnt, ist die Untätigkeitsklage gegenstandslos, da die ausdrückliche Ablehnung einen Beschluss i.S.d. Art. 288 Abs. 4 AEUV darstellt, der dann wiederum mit der Nichtigkeitsklage gemäß Art. 263 AEUV angegriffen werden kann **(Subsidiarität der Untätigkeitsklage)**.

IV. Klagegegenstand ist das **Unterlassen eines Beschlusses**. Dabei ist der Begriff des Beschlusses weit auszulegen; ein verbindlicher Rechtsakt ist grundsätzlich nicht erforderlich. Dies ergibt sich aus einem Umkehrschluss zu Art. 265 Abs. 3 AEUV, der bei Klagen natürlicher und juristischer Personen unverbindliche Stellungnahmen und Empfehlungen als Klagegegenstand ausdrücklich ausnimmt, weshalb in den anderen Fällen somit alle Rechtsakte, die rechtliche Wirkungen haben können, als Klagegegenstand in Betracht kommen.

V. Eine **Klagebefugnis** ist gemäß Art. 265 Abs. 3 AEUV nur bei natürlichen und juristischen Personen erforderlich, nicht dagegen bei den privilegiert Klageberechtigten nach Art. 265 Abs. 1 AEUV. Bei **Individualklagen** ist die Klagebefugnis nur gegeben, wenn der unterlassene Rechtsakt an den Kläger „zu richten" gewesen wäre (Art. 265 Abs. 3 AEUV a.E.). Das ist jedenfalls dann der Fall, wenn der Kläger – wie im Fall der Nichtigkeitsklage nach Art. 263 AEUV – von dem Rechtsakt individuell und unmittelbar betroffen ist. Nach Auffassung des Gerichtshofs reicht es aber – wie bei Art. 263 Abs. 4 AEUV – auch aus, dass der Beklagte einen Rechtsakt an einen Dritten unterlassen hat, wenn der Kläger hierdurch in gleicher Weise betroffen wäre.

VI. Für die **Klagefrist** gilt Art. 265 Abs. 2 S. 2 AEUV (s.o.).

B. Begründetheit der Untätigkeitsklage

Begründet ist die Untätigkeitsklage, wenn der Beklagte nach Unionsrecht zum Erlass des begehrten Beschlusses verpflichtet ist, die Unterlassung somit eine **Vertragsverletzung** darstellt. Ist die Klage begründet, stellt der Gerichtshof bzw. das Gericht fest, dass es das Organ bzw. die Stelle der EU unter Verletzung von Unionsrecht unterlassen hat, eine bestimmte Handlung vorzunehmen. Gemäß Art. 266 Abs. 1 AEUV ist der Beklagte sodann verpflichtet, die begehrte Maßnahme zu ergreifen.

5. Abschnitt: Vorabentscheidungsverfahren gemäß Art. 267 AEUV

Das Vorabentscheidungsverfahren gemäß Art. 267 AEUV gibt den nationalen Gerichten der Mitgliedstaaten die Möglichkeit, den europäischen Gerichten Fragen über die Auslegung und Gültigkeit von Unionsrecht vorzulegen. Durch die in diesem Verfahren ergehenden Entscheidungen soll verhindert werden, dass die Gerichte der einzelnen Mitgliedstaaten das Unionsrecht unterschiedlich auslegen und anwenden. Funktionell ist es ein objektives prozessuales Zwischenverfahren und ähnelt in seiner Ausgestaltung der konkreten Normenkontrolle vor dem BVerfG nach Art. 100 Abs. 1 GG (s.o. S. 5).

A. Zulässigkeit

I. Zuständigkeit

Für Vorabentscheidungsverfahren nach Art. 267 Abs. 1 AEUV ist grundsätzlich eine **sachliche Zuständigkeit des Gerichtshofs** gegeben. Nach Art. 256 Abs. 3 UAbs. 1 AEUV kann auch das Gericht in besonderen, in der Satzung des Gerichtshofs festgelegten Sachgebieten für die Vorabentscheidung zuständig sein.

Da eine entsprechende Satzungsregelung bislang nicht existiert, liegt die alleinige Zuständigkeit für Vorabentscheidungsverfahren z.Z. beim Gerichtshof.

II. Vorlageberechtigung

Vorlageberechtigt sind gemäß Art. 267 Abs. 2 AEUV nationale **„Gerichte"**. Der Begriff ist im Hinblick auf den Zweck des Art. 267 AEUV weit auszulegen und kann im Einzelfall auch solche Instanzen erfassen, die nach nationalem Recht die Gerichtseigenschaft nicht erfüllen.

Das Gericht muss ein auf gesetzlicher Grundlage eingerichteter Spruchkörper und dazu berufen sein, auf der Grundlage eines rechtsstaatlich geordneten Verfahrens in richterlicher Unabhängigkeit Rechtsstreitigkeiten zu entscheiden.

III. Vorlagegegenstand

Vorlagegegenstand kann gemäß Art. 267 Abs. 1 AEUV eine Frage über die **Auslegung der Verträge** sowie die **Gültigkeit** und die Auslegung von **Handlungen** der Organe, Einrichtungen oder sonstigen Stellen der Union sein, sodass aufgrund dessen das **gesamte Unionsrecht** Gegenstand der Vorlage sein kann, also z.B. auch Sekundärrecht.

IV. Vorlageverfahren

1. Entscheidungserheblichkeit

Die Frage nach der Auslegung des Unionsrechts muss für das Ausgangsverfahren vor dem nationalen Gericht **entscheidungserheblich** sein. Dies beurteilt sich aus der Sicht des vorlegenden Gerichts und wird vom Gerichtshof grundsätzlich nicht überprüft.

Die Grenze liegt bei eindeutigen Missbrauchsfällen, offensichtlich hypothetischen Fragen und offensichtlich fehlendem Zusammenhang zwischen der Vorlagefrage und dem Ausgangsstreit. Nur in diesen Fällen kann die Vorlage ausnahmsweise unzulässig sein.

2. Form

Art. 267 AEUV sieht keine besondere Form für die Vorlage vor. Die zu formulierende **Vorlagefrage** ist aber, da der Gerichtshof nicht über die Kompetenz verfügt, den Einzelfall zu entscheiden, **allgemein** zu halten. Ebenso darf die Frage nicht die Auslegung oder Gültigkeit des nationalen Rechts betreffen. Um eine optimale Zusammenarbeit der nationalen Gerichte und des Gerichtshofs im Rahmen des Vorabentscheidungsverfahrens zu gewährleisten, hat der Gerichtshof die ihm vorgelegte Frage ggf. umzuformulieren.

3. Vorlagepflicht

a) Eine **Vorlagepflicht** besteht nach Art. 267 Abs. 3 AEUV für Gerichte, deren Entscheidungen selbst nicht mehr mit Rechtsmitteln des innerstaatlichen Rechts angefochten werden können (z.B. BGH, BVerwG). **Ausnahmen** von der Vorlagepflicht kommen nur dann in Betracht, wenn die Vorlagefrage vom Gerichtshof bereits entschieden worden ist bzw. sich eine gesicherte Rspr. des Gerichtshofs auch in anderen Verfahrensarten entwickelt hat. Im Verfahren des vorläufigen Rechtsschutzes (z.B. nach §§ 80 Abs. 5, 80a Abs. 3, 123 VwGO) besteht nach allgemeiner Ansicht **keine Vorlagepflicht** des nationalen Gerichts. Denn vorläufiger Rechtsschutz muss schon aus zeitlichen Gründen regelmäßig durch die nationalen Gerichte gewährt werden. Im Übrigen folgt i.d.R. das Hauptsacheverfahren, in dem dann die Vorlage zur Klärung der Auslegungs- oder Gültigkeitsfrage erfolgen kann. Allerdings stellt der Gerichtshof an die Suspendierung eines auf Unionsrecht beruhenden VA in Anlehnung an Art. 278, 279 AEUV **strenge Anforderungen**.

Voraussetzung für die Gewährung vorläufigen Rechtsschutzes durch die nationalen Gerichten ist in diesen Fällen, dass

- **erhebliche Zweifel** an der Rechtmäßigkeit bestehen,
- das Verwaltungsgericht die Frage der Gültigkeit des Unionsrecht **dem Gerichtshof vorlegt**, soweit dieser noch nicht damit befasst ist,
- die **Entscheidung dringlich** in dem Sinne ist, dass dem Antragsteller ein schwerer und nicht wiedergutzumachender Schaden droht und
- das **Interesse der Union angemessen berücksichtigt** wird.

Vgl. AS-Skript VwGO (2019), Rn. 710 ff.

b) Die Vorlagepflicht hat für die Zulässigkeit der Vorlage **keine Bedeutung**. Relevant wird sie nur dann, wenn eine Vorlage durch das nationale Gericht nicht erfolgt. Bei einem Verstoß gegen Art. 267 Abs. 3 AEUV kommt eine Verletzung des grundrechtsgleichen **Rechts auf den gesetzlichen Richter** nach Art. 101 Abs. 1 S. 2 GG in Betracht. Zwar sind die europäischen Gerichte keine nationalen Rechtsprechungsorgane. Ihre Rechtsprechung, insbesondere bei Vorabentscheidungen gemäß Art. 267 AEUV, ist jedoch mit der nationalen Gerichtsbarkeit verschränkt, sodass ihnen aufgrund der Zustimmungsgesetze (Art. 23 GG) und der darin enthaltenen Rechtsanwendungsbefehle auch die Funktion eines „gesetzlichen Richters" i.S.d. Art. 101 Abs. 1 S. 2 GG nach nationalem Recht zukommt. „Entzogen" wird der gesetzliche Richter jedoch nur dann, wenn die Beeinträchtigung auf einer willkürlich unrichtigen Anwendung der betreffenden Verfahrensvorschrift beruht.

Im Falle der Nichtvorlage zum Gerichtshof geht das BVerfG von einer Verletzung des Willkürverbots aus, wenn

- eine grundsätzliche Verkennung der Vorlagepflicht gegeben ist,
- bewusst die Vorlage unter gleichzeitiger Abweichung von der Rspr. des Gerichtshofs unterbleibt oder
- das Gericht in unvertretbarer Weise seinen Beurteilungsspielraum bzgl. der Frage, ob eine Entscheidung des Gerichtshofs erforderlich ist, überschreitet.

Da es sich beim Vorabentscheidungsverfahren nicht um ein Klageverfahren im eigentlichen Sinne handelt, gibt es keine Begründetheit im Rechtssinne. Sie sollten den Prüfungspunkt daher mit „Vorlageentscheidung" oder „Beantwortung der Vorlagefrage" überschreiben.

B. Vorlageentscheidung

Im Vorabentscheidungsverfahren entscheidet der Gerichtshof **nur über die vorgelegten Fragen** nach Maßgabe des Unionsrechts. Er legt weder das nationale Recht aus, noch trifft er eine Entscheidung in der Sache selbst. Die Vorabentscheidung ist für das Gericht des Ausgangsverfahrens und faktisch für alle mit der gleichen Rechtsfrage befassten nationalen Gerichte bindend. Kommt der Gerichtshof zu dem Ergebnis, dass ein abgeleiteter EU-Rechtsakt unionsrechtswidrig und damit ungültig ist, ergibt sich faktisch eine Wirkung inter omnes.

RÜ
Rechtsprechungs Übersicht
Ihre Examensfälle von morgen
Alpmann Schmidt

+

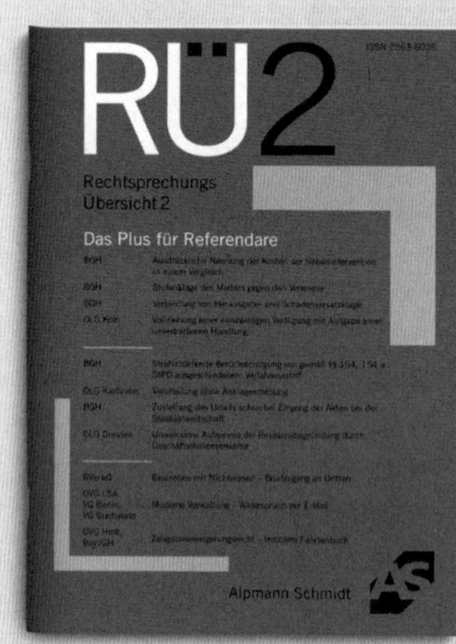

RÜ2
Rechtsprechungs Übersicht 2
Das Plus für Referendare
Alpmann Schmidt